LIBERARSE DE LA ANSIEDAD INFANTIL Y EL OCD PARA PADRES

10 Trucos Respaldados por la Ciencia para Recuperar con Confianza el Control de Su Hijo Ansioso y Ver una Reducción Importante de los Síntomas A Partir de Esta Semana

Madeline Armstrong

ÍNDICE

Introducción vi

Chapter 1: La VERDAD CHOCANTE sobre la Ansiedad de tu Hijo: Por qué los Padres son el ÚNICO Tratamiento que Funciona (Y por qué los Terapeutas No Te Dirán Esto) 1

Chapter 2: EXPUESTO: Cómo el 'Matón' de la Ansiedad y el 'Trol' del TOC Secuestran el Cerebro de Tu Hijo—y el Movimiento de $0 Que Inmediatamente Corta Su Suministro de Oxígeno 9

Chapter 3: Hack 1 & 2: La técnica de validación "Espejo Mágico" - Di ESTO en lugar de 'Estará bien' y observa cómo su respuesta de miedo disminuye un 60% (El Protocolo de Reinicio de Lenguaje) 18

Chapter 4: Hack 3 y 4: La estrategia del 'Ancla Imperturbable': Cómo detener un ataque de pánico a gran escala en 90 segundos... Además, el plano para la escalera de miedo liderada por los padres (Valor: $497) 27

Chapter 5: Hack 5 y 6: El Secreto de Reconfiguración del Cerebro en 7 Minutos - Cómo Forzar al Circuito de Ansiedad a Autodestruirse... y Los 3 Guiones para Bloquear Rituales Compulsivos Sin Comenzar una Guerra 36

Chapter 6: Hack 7 & 8: La TRAMPA de Reaseguración - Por qué '¿Estás seguro de que estamos a salvo?' es una píldora venenosa... Además, Las 4 Reglas No Negociables que Detienen la Ansiedad Desde Dictar el Programa Familiar 46

Chapter 7: Hack 9: El Protocolo de 'No Sabotaje' - Cómo Hacer que Hermanos, Abuelos y Maestros Apliquen Tu Plan (Detener Respuestas Inconsistentes que Desviaron 6 Semanas de Progreso) 56

Chapter 8: Hack 10: El Escudo de Resiliencia de 14 Días - Predecir y Aplastar 'Picos' de Ansiedad Antes de que Se Conviertan en Recaídas Completas (Tu Estrategia de Libertad a Largo Plazo) 64

Chapter 9: Las Trampas que Permiten: Las 5 Acciones 'Amorosas' que Secretamente Alimentan el Monstruo de Miedo de tu Hijo Cada Día 72
Chapter 10: Solución de problemas: El Kit de Herramientas de Emergencia para Momentos de Crisis - Instrucciones Paso a Paso para Aplastar el Rechazo Escolar y la Severe Ansiedad por Separación sin gritar 81
Chapter 11: El Plan de Batalla de 7 Días: Exactamente Qué 3 Hacks Desplegar a Partir del Lunes por la Mañana (Y Cómo Medir $1,000 en Progreso para el Viernes) 90
Epílogo 98

PREFACIO

Estás cansado. Sientes que has probado todo, ¿verdad? Las noches sin dormir y la preocupación interminable se han vuelto tu normalidad. Conozco esa sensación de impotencia. Sé lo que es ver a tu hijo luchar, atrapado en un ciclo de ansiedad o TOC, y sentirte completamente impotente para liberarlo. Este libro no trata de entregarle a tu hijo una página para colorear o de asegurarte vagamente que las cosas mejorarán. Este es un plan de batalla. Este libro es un cambio radical, moviendo el foco de tratar al niño a empoderar al padre. Vamos a dejar de caminar sobre huevos. Vamos a dejar de facilitar el miedo. Tú eres el líder de esta familia. Tú eres la solución. Comenzamos esta semana.

INTRODUCCIÓN

EL PLAN DE RECUPERACIÓN DE LA SALA DE ESTAR EN 7 DÍAS: POR QUÉ TODO LO QUE CREÍAS SOBRE LA CRIANZA 'SUAVE' DE UN NIÑO ANSIOSO ES PELIGROSAMENTE INCORRECTO

No has recogido este libro buscando una seguridad vaga. Lo compraste porque necesitas acción. Necesitas claridad.

En este momento, podrías sentir que estás fallando a tu hijo. Podrías creer que de alguna manera no estás a la altura para manejar el miedo abrumador que ha tomado el control de tu hogar. Detén ese pensamiento inmediatamente. Este sentimiento de impotencia es increíblemente común. No es verdad.

Ser padre de un niño atrapado en el ciclo de la ansiedad o el Trastorno Obsesivo-Compulsivo (TOC) es, sin duda, el trabajo más difícil del mundo. Es agotador. Es desgarrador.

Te han dicho repetidamente que seas paciente. Que seas amable. Que proporciones un refugio seguro. Y sí, esas cosas importan. Pero en algún momento del camino, esa esencial amabilidad se transformó en algo completamente diferente. Se volvió habilitadora. Se convirtió en una evitación constante y corrosiva. Te convirtió en un especialista en acomodaciones, ajustando constantemente el horario, las reglas y las expectativas de la familia simplemente para mantener el miedo en silencio.

Este libro cambia completamente el guion.

Vamos a dejar de caminar sobre huevos por el bully invisible que vive en el cerebro de tu hijo. Vamos a dejar de negociar con la ansiedad. Vamos a alejarnos del apoyo emocional vago y hacia una intervención terapéutica activa, dirigida por ti.

Este enfoque radical se basa en ciencia sólida. Es el mecanismo central de cambio utilizado en los tratamientos de ansiedad más efectivos a nivel global. Vamos a usar compasión profunda, sí, pero la vamos a combinar con firmeza y confianza inquebrantable. Tu hijo necesita tomar prestada tu confianza hasta que construya la suya.

Vamos a desmantelar el ciclo de la ansiedad juntos.

Vamos a instalar 10 trucos específicos y poderosos en tu estrategia de crianza inmediatamente. No son gráficos de recompensas conductuales o ejercicios de respiración. Son cambios fundamentales en cómo respondes al miedo y la evitación. Son simples, están respaldados por una investigación sólida y funcionan.

Estos trucos te colocan a ti, el padre, de nuevo en control.

¿Estás listo para dejar de andar de puntillas por las demandas invisibles del miedo? ¿Estás listo para recuperar tu sala de estar, tu cena familiar y tu paz mental?

Vas a empezar a ver un alivio real y medible a partir de esta semana. Tu hijo necesita un entrenador seguro de sí mismo que sepa exactamente qué hacer. No necesita un espectador pasivo que se quiebre ante la primera señal de angustia. Ese entrenador eres tú.

Comencemos el Plan de Recuperación de la Sala de Estar en 7 Días.

CHAPTER ONE

LA VERDAD CHOCANTE SOBRE LA ANSIEDAD DE TU HIJO: POR QUÉ LOS PADRES SON EL ÚNICO TRATAMIENTO QUE FUNCIONA (Y POR QUÉ LOS TERAPEUTAS NO TE DIRÁN ESTO)

Estás agotado.

Sé que estás agotado.

La constante negociación es desgastante.

Las noches sin dormir son interminables.

Estás caminando sobre huevos todos los días.

Te sientes como un prisionero en tu propio hogar.

La ansiedad dicta el menú.

Dicta el horario.

Dicta quién puede dormir dónde.

Miras a tu hijo y sientes una profunda sensación de fracaso.

Detén ese sentimiento ahora mismo.

Es una mentira.

No estás fallando a tu hijo.

Has estado siguiendo malas instrucciones.

Te han dado consejos vagos y amables que sonaban amorosos.

Pero esos consejos secretamente alimentan el miedo.

Alimentan al monstruo de la ansiedad.

Vamos a cambiar todo el juego.

Estamos cambiando toda la perspectiva.

Esta es la verdad impactante.

Los padres no son el problema.

Los padres son la única solución.

Deja que eso se asiente por un momento.

El niño no puede resolver esto solo.

Su cerebro está secuestrado.

Su sistema de alarma neurológica está roto.

Envía señales falsas de peligro constantemente.

No son capaces de luchar lógicamente contra esa alarma física.

Necesitan un líder.

Necesitan un ancla.

Necesitan un entrenador seguro de sí mismo que sea más grande que el miedo.

Ese eres tú.

Por qué muchos terapeutas no te dirán esto directamente.

Porque suena duro.

Suena crítico.

Suena a culpa.

Esto no es sobre la culpa.

Esto es sobre el poder.

Necesitamos devolver el poder a donde pertenece.

Con los adultos estables y capaces en la casa.

Pensemos en la terapia estándar.

Tu hijo va una hora a la semana.

Aprenden una técnica de respiración.

Hablan sobre sus sentimientos.

Se sienten seguros en el entorno controlado de la oficina.

Regresan a casa contigo.

Están bajo tu cuidado durante 167 otras horas esa semana.

Lo que sucede en esas 167 horas lo determina todo.

Cada vez que acomodaste el miedo, la ansiedad aprende.

Aprende que la alarma era real.

Aprende que si lloro lo suficiente fuerte, Mamá intercede.

Aprende que si me niego a ir a la escuela, puedo quedarme a salvo.

Aprende que la evitación funciona.

Esto se llama refuerzo.

Es potente.

Está sucediendo minuto a minuto.

Compensa completamente la hora de terapia.

Eres el principal agente de refuerzo.

Eres el entorno.

Tus acciones diarias son el tratamiento.

Los terapeutas trabajan duro.

Ellos dan lo mejor de sí.

Pero no pueden cambiar tu entorno en casa.

No pueden evitar que respondas a la décima pregunta de seguridad.

No pueden evitar que quites la consecuencia aterradora.

Solo tú puedes hacer eso.

Solo tú puedes implementar realmente el cambio donde más importa.

En la sala de estar.

En el viaje en coche.

En la mesa de la cena.

Por esto, eres el ÚNICO tratamiento que realmente funciona.

Estás perfectamente posicionado para rewiring el ciclo.

Este libro no trata de aliento vago.

No vamos a centrarnos en libros para colorear o aplicaciones de calma.

Nos estamos enfocando en la intervención neurobiológica.

Estamos utilizando los principios psicológicos más poderosos conocidos por el hombre.

Los estamos aplicando a través de tu crianza.

Esta es la Terapia Cognitivo-Conductual dirigida por los padres.

Específicamente, la Prevención de Exposición y Respuesta dirigida por los padres.

Lo llamamos el Plan de Recuperación de la Sala de Estar.

¿Qué es la Prevención de Exposición y Respuesta?

Es el tratamiento estándar de oro para la ansiedad y el Trastorno Obsesivo-Compulsivo.

Ha demostrado ser efectivo durante décadas.

Involucra dos pasos clave.

Exposición.

Enfrentando el estímulo del miedo de manera directa.

Prevención de Respuesta.

Bloqueando la evitación y los rituales que reducen la ansiedad temporalmente.

Es profundamente incómodo para el niño a corto plazo.

Pero es transformador a largo plazo.

Para la mayoría de los niños, no pueden implementar esto solos.

Están demasiado asustados.

Necesitan una enorme cantidad de ánimo y apoyo estructural.

Necesitan que tú seas la estructura.

Necesitan que tú mantengas la línea cuando el miedo grita.

Necesitan que tú les digas gentil pero firmemente que no al ritual.

Este es el cambio.

Estamos moviendo el objetivo.

Dejamos de enfocarnos en los sentimientos del niño en el momento.

Comenzamos a enfocarnos en la respuesta del padre a esos sentimientos.

Cambiamos tu comportamiento primero.

El comportamiento del niño sigue.

Podrías estar pensando que esto suena cruel.

Es lo opuesto a ser cruel.

Es el acto de liderazgo más compasivo que puedes ofrecer.

La crueldad es permitir que tu hijo pase su vida atrapado por un monstruo.

La compasión es darles las herramientas para una libertad de por vida.

Requiere determinación.

Requiere incomodidad temporal.

Pero la recompensa es un ser humano seguro y resiliente.

Te estamos enseñando diez trucos específicos y poderosos.

Estas no son sugerencias suaves.

Estos son intervenciones accionables y guiadas.

Están diseñadas para cortar el ciclo de ansiedad de raíz.

Están basadas en la última ciencia en el tratamiento de la ansiedad.

Están diseñadas para que tú, el padre, las implementes de inmediato.

Comenzamos a ver cambios esta semana.

No estamos esperando seis meses.

Comenzamos el lunes.

Los trucos te enseñarán cómo hablar con tu hijo.

Lo llamamos el Protocolo de Reinicio del Lenguaje.

Dejamos de intentar racionalizar el miedo.

Comenzamos a validar el sentimiento sin validar la premisa del miedo.

Es una diferencia matizada pero crítica.

Te enseñamos cómo manejar un ataque de pánico.

Te convertirás en el ancla inquebrantable.

Tu respuesta calma es el antídoto a su caos.

Tu estabilidad reescribe su expectativa de peligro.

Te enseñamos cómo guiar sistemáticamente a enfrentar los miedos.

Esta es la Escalera del Miedo dirigida por los Padres.

Diseñas los pasos.

Mantienes el ritmo.

Aseguras el éxito.

Lo más importante, te enseñamos cómo bloquear la acomodación.

La acomodación es el enemigo silencioso.

Parece amor.

Se siente como apoyo.

Es la píldora envenenada que mantiene viva la ansiedad.

Es responder la misma pregunta de preocupación cinco veces.

Es dejarlos dormir en tu cama para evitar una pesadilla.

Es llevarlos a la escuela cuando se sienten mal en lugar de hacer que caminen.

Cada acomodación fortalece la vía neural del miedo.

Estamos destruyendo esos caminos.

Estamos construyendo nuevos caminos valientes.

Y la única persona que puede supervisar esa construcción eres tú.

Algunos padres se preocupan de haber causado la ansiedad.

¿Hice que mi hijo sea así?

¿Transferí mis propias preocupaciones?

Tal vez lo hiciste.

Tal vez no lo hiciste.

La causa es irrelevante ahora mismo.

Estamos enfocados solo en el mantenimiento del ciclo.

Podrías haber ayudado accidentalmente a mantener el ciclo de ansiedad.

Está bien.

Fue hecho por amor.

No sabías mejor.

Ahora sabes mejor.

Y saber mejor te da el poder de actuar de manera diferente.

Cambias de ser el habilitador accidental a ser el sanador deliberado.

Pasas de ser el problema a ser la solución.

Esto requiere una gran confianza de tu parte.

Debes adoptar la actitud de un líder firme y amoroso.

El niño te pondrá a prueba.

Ellos argumentarán.

El monstruo de la ansiedad usará su voz para negociar.

Debes seguir siendo el adulto.

Debes mantener el límite.

No debes mostrar duda en su capacidad para superar el miedo.

Ni siquiera por un segundo.

Tu hijo te está observando.

Están evaluando su nivel de peligro midiendo tu nivel de confianza.

Si te ves preocupado, asumen que el peligro está presente.

Si te ves tranquilo, sereno y ligeramente aburrido por la exhibición de ansiedad, ellos comienzan a calmarse.

Tus señales no verbales son más poderosas que cualquier palabra que puedas decir.

Te entrenaremos para proyectar esa confianza inquebrantable.

No es una sugerencia.

Es un requisito para el éxito.

Este libro ofrece un camino radical.

Es un amor duro aplicado con precisión láser y profunda compasión.

Se basa completamente en la verdad de que tú eres el agente de cambio más poderoso disponible para tu hijo.

Tienes el acceso.

Tienes la relación.

Tienes el contacto constante necesario para una rápida reprogramación cerebral.

No delegues este papel principal.

Hazlo tuyo.

Ábrelo.

El plan de tratamiento eres tú.

Estás listo para recuperar tu sala de estar.

Comencemos el trabajo ahora.

CHAPTER TWO

EXPUESTO: CÓMO EL 'MATÓN' DE LA ANSIEDAD Y EL 'TROL' DEL TOC SECUESTRAN EL CEREBRO DE TU HIJO—Y EL MOVIMIENTO DE $0 QUE INMEDIATAMENTE CORTA SU SUMINISTRO DE OXÍGENO

Hoy comenzamos.

Primero debemos identificar al enemigo.

Es crucial que entiendas esto.

Tu hijo no es el problema.

Tu hijo simplemente está siendo tomado como rehén.

Está siendo controlado por una poderosa fuerza invisible.

Necesitamos nombrar esa fuerza.

Necesitamos exponer sus tácticas.

Esta fuerza es astuta.

Utiliza tu amor en tu contra.

Utiliza la preocupación en contra de tu hijo.

Toma control de tu hogar.

Hablemos primero sobre el Matón de la Ansiedad.

El Matón vive en una parte del cerebro llamada la amígdala.

Es el detector de humo del cerebro.

Se supone que debe mantenernos a salvo.

Si aparece una amenaza real, el Matón grita.

Desencadena la respuesta de lucha o huida.
Es un mecanismo de supervivencia necesario.
Pero para un niño ansioso, el Matón grita todo el tiempo.
Grita sobre la tarea.
Grita sobre salir de casa.
Grita sobre dormir solo.
El Matón es muy ruidoso.
Convence al niño de que el detector de humo tiene razón.
El detector de humo está sonando una alarma por un peligro real.
El peligro se siente inmediato y genuino.
Físicamente real.
Su corazón se acelera.
Su estómago duele.
Sus palmas sudan.
No es exageración dramática.
Es una respuesta biológica genuina.
El Matón ha secuestrado físicamente su sistema.
¿Qué quiere el Matón?
Quiere seguridad inmediata.
Iguala la seguridad con huir.
Exige evitación.
Si el Matón grita sobre ir a la escuela, el niño evita la escuela.
Si el Matón grita sobre la oscuridad, el niño evita apagar la luz.
La evitación es el arma favorita del Matón.
Cuando tu hijo evita lo aterrador, sucede algo inmediato.
Siente un alivio instantáneo.
La frecuencia cardíaca baja ligeramente.
El estómago se calma.
El miedo parece desvanecerse por completo.
Este alivio es momentáneo.

Pero es una potente recompensa psicológica.
Este alivio temporal es el oxígeno que respira el Matón.
Cada vez que un niño evita algo, el Matón se vuelve más fuerte.
Aprende que su grito funciona.
Aprende que si grita lo suficientemente fuerte, la amenaza desaparece.
No aprende que la amenaza nunca fue real.
Aprende que la evitación salvó el día.
Esto crea el ciclo de ansiedad.
Miedo.
Evitación.
Alivio.
Más Miedo la próxima vez.
El ciclo se convierte en una jaula.
Tu hijo se vuelve más pequeño.
Su mundo se reduce.
Comienzan a evitar más y más cosas.
Comienzas a ayudarlos a evitar esas cosas.
Estás tratando de ser amable.
Estás tratando de reducir su sufrimiento.
Pero accidentalmente estás alimentando al Matón.
Le estás entregando tanques de oxígeno.
Debemos dejar de alimentarlo de inmediato.
Ahora veamos al otro jugador.
Este es el Trol del TOC.
El Trastorno Obsesivo Compulsivo a menudo se malinterpreta.
A menudo se confunde con ansiedad severa.
Son primos, pero actúan de manera diferente.
El Matón solo grita y te hace correr.
El Trol es mucho más insidioso.
El Trol opera en pensamientos.

Estos son las Obsesiones.

Las Obsesiones son pensamientos pegajosos, intrusivos y no deseados.

Pueden ser sobre gérmenes o enfermedades.

Pueden ser sobre cosas terribles que le suceden a los miembros de la familia.

Pueden ser sobre cosas que necesitan estar perfectas o simétricas.

Estos pensamientos son verdaderamente aterradores para el niño.

El niño a menudo sabe que el pensamiento es una locura.

Pero el Troll les hace sentir completamente responsables por ello.

Si creo que mis manos están sucias, debo arreglar la sensación.

Si creo que podría haber lastimado a alguien, debo arreglar el pensamiento.

El Troll exige una solución.

La solución es la Compulsión.

Estos son los rituales.

Lavar las manos hasta que sangren.

Comprobar la estufa diez veces.

Reorganizar los lápices a la perfección.

Preguntarte, a ti, el padre, por reassurances constantemente.

"¿Está la estufa apagada?"

"¿Soy una buena persona?"

"¿Estás seguro de que estamos a salvo esta noche?"

El Troll es un maestro manipulador.

Promete que si el ritual se realiza a la perfección, el mal pensamiento desaparecerá.

La ansiedad provocada por la obsesión desaparecerá por completo.

Al igual que la evasión, realizar el ritual proporciona un alivio temporal.

Este alivio es el oxígeno del Troll.

Lo hace necesario para la próxima vez.

El Troll obliga al niño a entrar en este ciclo interminable de acción obligada.

Sigue aumentando las apuestas.

El ritual se alarga.

La comprobación ocurre con más frecuencia.

El tiempo dedicado a las compulsiones consume su vida.

Esta es la clave para que tú lo entiendas.

El Acosador de Ansiedad quiere que evites una situación por completo.

Quédate en casa y espera hasta que la amenaza escolar haya terminado.

El Troll del TOC quiere que realices una acción dentro de la situación.

Ve a la escuela, pero primero revisa tu casillero tres veces más.

Ambos sistemas son alimentados por una cosa peligrosa.

Acomodación.

Acomodación es cualquier cosa que tú o tu hijo hagan para prevenir que el miedo aumente.

O cualquier cosa que hagas para reducir el malestar una vez que el miedo ha aumentado.

Correr a casa desde la fiesta es acomodación.

Dejar que duerman en tu cama es acomodación.

Responder la pregunta de reassurance es acomodación.

Hacer el ritual de comprobación con ellos es acomodación.

Estás haciendo todo esto por un amor profundo y profundo.

Pero este amor es malentendido.

Es la falla fatal en la crianza gentil de un niño ansioso.

Estás reduciendo su sufrimiento ahora mismo.

Pero estás garantizando su sufrimiento futuro.

Estás entrenando su cerebro para que el miedo sea válido.

Estás entrenando su cerebro para que no son capaces de tolerar el malestar.

Les estás dando al Acosador y al Troll un oxígeno infinito.

Estamos cortando el suministro de oxígeno.

Este es el movimiento de $0.

No cuesta nada más que coraje.

Requiere una consistencia radical.

Requiere confianza inquebrantable de tu parte.

Este movimiento se llama Prevención de Respuesta.

También se llama No Acomodación.

Simplemente dejamos de responder a las demandas del miedo.

Dejamos de realizar los rituales.

Dejamos de ayudar al niño a evitar la cosa aterradora.

Esta es la herramienta más poderosa que tienes.

No podemos derrotar al Acosador o al Troll mientras los alimentamos.

Debemosesterlarlos completamente.

Cuando un niño es expuesto a la situación temida sin la capacidad de evitarla, sucede algo remarkable.

Su ansiedad aumenta.

Se dispara intensamente.

Se siente insoportable para ellos.

Se siente desgarrador para ti, el padre.

Este es el momento de la verdad.

Debes mantener la línea aquí.

Porque algo más sucede poco después de ese pico.

El cerebro no puede mantener ese nivel de pánico para siempre.

El miedo finalmente alcanza su punto máximo.

Y luego, inevitablemente, comienza a bajar naturalmente.

El niño no se escapó.

El ritual no se realizó.

La reassurance no se dio.

Y aun así, sobrevivieron.

Este proceso se llama habituación.

El cerebro aprende la verdadera lección.

La alarma era falsa.

El peligro no existió.

Puedo tolerar este malestar sin arreglarlo.

Así es como hacemos morir de hambre al Acosador.

Así es como derrotamos al Troll.

Los forzamos a quedarse en la habitación con el malestar.

Debes sentarse allí hasta que el miedo baje naturalmente.

No lo suavizamos con palabras suaves.

No lo hablamos con lógica.

No lo ritualizamos con compulsiones.

Simplemente dejamos que el miedo siga su curso.

Esta es la razón por la que eres la solución.

Un terapeuta no puede estar con tu hijo a las 7 AM cuando comienza la negativa escolar.

Un terapeuta no puede estar allí cuando el Troll exige una verificación de reassurance en medio de la noche.

Solo tú puedes hacer el movimiento de $0 de manera consistente.

Eres el guardián de su flujo de oxígeno.

Si continúas permitiendo la evasión, el Acosador gana cada vez.

Si continúas permitiendo rituales, el Troll gana cada noche.

No estamos pidiendo al niño que sea lo suficientemente fuerte como para hacerlo solo.

Te estamos pidiendo que seas lo suficientemente fuerte como para ser su entrenador.

Debes ser el ancla confiada, tranquila e inquebrantable.

Debes modelar la fuerza para tolerar el aumento de la ansiedad.

Cuando el niño ve tu confianza, su miedo disminuye significativamente.

Este proceso comienza hoy.

Debes comprometerte a cortar el oxígeno.

Este compromiso debe ser absoluto y sin compromisos.

No hay victorias parciales aquí.

Un acomodamiento parcial sigue siendo un tanque de oxígeno para el miedo.

Debemos dejar de usar la salida de emergencia.

Debemos deshabilitar completamente el bote salvavidas.

Estamos cerrando la puerta al miedo.

Estamos haciendo que el malestar sea obligatorio por un tiempo corto.

Esto suena increíblemente cruel.

Se siente totalmente contraintuitivo para tus instintos naturales.

Sin embargo, es la única forma comprobada de salir de este ciclo.

Es la definición más verdadera de compasión en este contexto.

La verdadera compasión significa permitir la salud y la libertad a largo plazo.

No alivio temporal y efímero.

El Acosador de Ansiedad es un cobarde.

El Troll de TOC es un mentiroso compulsivo.

Solo prosperan cuando crees su aterradora historia.

Ya no crees su historia.

Ahora entiendes su insidioso mecanismo.

Dependen completamente de un alivio inmediato y fácil.

Estamos eliminando completamente el alivio inmediato y fácil.

Lo estamos reemplazando con incomodidad obligatoria y sostenida.

Esa incomodidad siempre es temporal.

La recompensa de esa incomodidad es la libertad permanente.

Ahora estamos listos para instalar los primeros hacks poderosos.

Estos hacks te dan el lenguaje exacto para manejar el aumento inicial del miedo.

Te empoderan para mantenerte firme cuando el Acosador grita en tu cara.

Te enseñan cómo ignorar calmadamente las patéticas demandas del Troll.

La batalla comienza con la conciencia del mecanismo.

Tienes esa conciencia ahora.

Procedemos con acción inmediata.

CHAPTER THREE

HACK 1 & 2: LA TÉCNICA DE VALIDACIÓN "ESPEJO MÁGICO" - DI ESTO EN LUGAR DE 'ESTARÁ BIEN' Y OBSERVA CÓMO SU RESPUESTA DE MIEDO DISMINUYE UN 60% (EL PROTOCOLO DE REINICIO DE LENGUAJE)

COMENZAMOS CON TUS PALABRAS.

Tu lenguaje es la base.

Todo lo demás sigue cómo respondes en el momento.

La mayoría de los padres intentan consolar al niño.

Esto es natural.

Quieres que su dolor se detenga.

Quieres que el miedo desaparezca al instante.

Así que usas palabras mágicas.

Dices: "Estará bien."

Dices: "No hay nada de qué preocuparse."

Dices: "Revisé la estufa cinco veces."

Estas son píldoras venenosas envueltas en amor.

Proporcionan alivio inmediato.

Este alivio es temporal.

Le enseña a tu hijo que su miedo es tan grande que tienes que solucionarlo por ellos.

Los entrena para buscar tu aseguramiento en lugar de manejar el sentimiento ellos mismos.

Esta dependencia debe terminar hoy.

Estamos reemplazando el aseguramiento con dos herramientas poderosas.

Hack 1 es la Validación Radical.

Llamamos a esto la técnica del Espejo Mágico.

Hack 2 es el Protocolo de Reinicio de Lenguaje.

HACK 1: El Espejo Mágico.

Cuando tu hijo está en pánico, su cerebro está gritando PELIGRO.

No están siendo racionales.

Están atrapados en su sistema de lucha o huida.

Si les dices: "Deja de preocuparte," estás luchando contra su realidad.

Esto hace que se sientan incomprendidos.

Aumenta el volumen de su miedo, no lo disminuye.

La validación es simplemente reflejar su sentimiento de vuelta a ellos.

Es el Espejo Mágico.

Les muestras que ves su dolor claramente.

Te unes a ellos emocionalmente, pero no lógicamente.

La validación suena así.

"Vaya, te sientes increíblemente asustado en este momento."

"Veo lágrimas. Esto se siente enorme."

"Tu corazón está acelerado. Ese sentimiento es intenso."

Nota lo que falta.

No hay, "Pero estás a salvo."

No hay, "El perro no te morderá."

No hay, "Es solo una prueba."

Solo estás validando la emoción.

Estás validando el estado emocional.

No estás validando la premisa del miedo.

Esta es la diferencia crítica.

Cuando validas el sentimiento, reduces la tensión emocional.

Se sienten escuchados.

El monstruo de la ansiedad prospera en la soledad.

Susurra: "Nadie entiende cuán aterrador es esto."

La validación rompe inmediatamente esa soledad.

Les muestra que estás en su equipo.

Esta simple frase, "Veo que estás asustado," puede reducir su respuesta de miedo central en un 60 por ciento.

Es como dejar escapar el vapor de una olla de presión.

La presión sigue ahí, pero la crisis inmediata se reduce.

Ahora veamos el aseguramiento.

El aseguramiento es una compulsión que realizas.

Es un ritual mental de comprobación para ti, el padre.

Dices: "¿Estás seguro de que cerramos la puerta?"

Respondes: "Sí, la revisé cuatro veces."

El niño se siente mejor durante 30 segundos.

Luego, el troll de ansiedad exige otra comprobación.

El ciclo de demanda nunca termina.

Debes sustituir el aseguramiento por completo.

En lugar de: "Estás a salvo."

Di: "Veo que te sientes inseguro en este momento."

En lugar de: "Es solo una pequeña araña."

Di: "Estás teniendo una reacción muy fuerte de miedo a esa araña."

Estás hablando el lenguaje de la emoción.

No estás hablando el lenguaje de la lógica o las garantías de seguridad.

La ansiedad no puede ser razonada.

Debe ser experimentado y atravesado.

Tu validación es el apretón de manos firme que los guía hacia la experiencia.

No es el escudo que los mantiene alejados de ella.

El Hack 1 es innegociable.

Practícalo esta tarde.

En el momento en que muestren miedo, valida el sentimiento.

Detente inmediatamente antes de dar la garantía de seguridad.

Usa el Espejo Mágico.

Refleja el sentimiento.

Deja de hablar.

Espera su respuesta.

HACK 2: El Protocolo de Reinicio de Lenguaje.

Este hack separa al niño del problema.

Aprendimos en el Capítulo 2 que la ansiedad es un matón.

El TOC es un troll exigente.

Son entidades externas.

No son tu hijo.

Tu hijo es amable.

Tu hijo es valiente.

Tu hijo es creativo.

El miedo es un vecino ruidoso tratando de apoderarse de la casa.

Debemos entrenar nuestro lenguaje para reflejar esta separación siempre.

Cuando un niño dice: "No puedo hacer mi tarea", internaliza ese fracaso.

Creen: "Soy una persona que no puede hacer tarea."

Esto es devastador para su identidad.

Cuando usas el Reinicio de Lenguaje, cambias el guion.

Dices: "El matón de la ansiedad quiere que te rindas con esa tarea ahora mismo."

Cambias la culpa instantáneamente.

El enemigo ahora es externo.

El niño y el padre están unidos contra el matón.

Esto es transformador.

Los empodera para que se defiendan.

La lucha no es contra su propio cerebro desordenado.

La lucha es contra un estúpido matón que susurra mentiras.

Esto funciona poderosamente también para los rituales del TOC.

Si tu hijo está verificando la cerradura por décima vez.

No digas: "Deja de revisar la cerradura."

Esto se siente como un ataque hacia ellos.

En cambio, usa el reinicio de lenguaje.

Debes dirigirte directamente al troll.

Dices: "Oh, el troll del TOC está exigiendo que revises eso de nuevo."

"Qué troll tan mandón es."

"Dile al troll, 'No hoy.'"

Le estás dando al troll un nombre y una personalidad.

Este proceso se llama externalización.

Permite que el niño se distancie de la intensa sensación de estar atrapado por su propia mente.

Crean la distancia necesaria.

Piense en su hijo como un valiente caballero.

La ansiedad es un dragón fuera de las murallas del castillo.

Si el caballero cree que el dragón vive dentro de ellos, se sienten impotentes.

Si el caballero ve al dragón afuera, puede levantar su escudo.

Le estás entregando el escudo al cambiar tus palabras.

Aquí hay guiones específicos para el Reinicio de Lenguaje.

Cuando el niño rechaza comida por miedo a atragantarse.

No digas: "Solo cómelo, no te atragantarás." (Reaseguración)

Di: "Ese matón del miedo te está diciendo una gran mentira sobre atragantarte." (Separación)

Di: "Sabemos que es la voz del matón." (Identificación)

Di: "¿Qué pequeño bocado puedes dar para mostrarle al matón que tú eres el jefe?" (Acción)

Cuando el niño está preocupado por los gérmenes o la contaminación.

No digas: "El patio de recreo está limpio." (Reaseguración)

Di: "Ese troll de los gérmenes quiere que creas que todo el parque está sucio." (Separación)

Di: "Ese troll es realmente bueno inventando historias." (Identificación)

Di: "Vamos a darle al troll una mirada aburrida y corta y a jugar en los columpios." (Acción)

El tono es esencial aquí.

Debe ser juguetón pero firme.

Estás transmitiendo confianza ante su lucha.

No estás discutiendo con la realidad de sus sentimientos.

Estás discutiendo con la realidad de las demandas del matón.

Esta combinación de Hack 1 y Hack 2 es tu prioridad inmediata.

Usas la validación primero.

El miedo aumenta.

Usas el Espejo Mágico.

"Veo que tienes terror de salir de casa."

El miedo baja ligeramente porque se sienten escuchados.

Luego pivotas inmediatamente al Hack 2.

"Ese es el matón de la ansiedad inventando reglas sobre nuestra familia."

"No dejamos que los matones hagan las reglas de nuestra familia."

Este proceso de dos pasos logra varias cosas simultáneamente.

Primero, honra su estado emocional.

Segundo, te previene de caer en la trampa de la reaseguración.

Third: le da al niño un objetivo tangible para su lucha interna.

Están luchando contra la ansiedad externalizada.

No están luchando contra su propio valor.

Una parte clave del Reinicio de Lenguaje es la consistencia.

Si eres el único que lo llama el matón, el sistema se desmorona.

Debes explicar este concepto a tu hijo de manera clara.

Haz esto cuando estén tranquilos.

Siéntate y definan juntos al enemigo.

¿Cómo se ve el matón?

¿Es verde?

¿Usa un sombrero estúpido?

¿Cuál es su mentira favorita?

Dar a la ansiedad una forma concreta y ridícula la hace menos poderosa.

La hace infantil.

Los monstruos más aterradores son los que no tienen nombre en la oscuridad.

Estamos poniendo una etiqueta y un foco sobre este monstruo.

Cuando tu hijo use un lenguaje temeroso, lo rediriges suavemente.

Si dicen: "Tengo miedo de la oscuridad."

Respondes: "Ese es el matón de la oscuridad hablando. ¿Qué le quieres decir?"

Esto entrena al niño para usar el lenguaje por sí mismo.

Creará el Escudo de Resiliencia del que hablaremos más adelante.

Empiezan diciendo: "Mamá, los pensamientos preocupantes me dicen que necesito lavarme las manos otra vez."

Esta es una victoria masiva.

Están identificando la amenaza.

Se están separando de la contaminación.

Te están pidiendo coaching contra el matón, no permiso para evitar.

Este es el cambio de paciente a guerrero.

Tu rol también cambia.

Pasa de cuidador a entrenador.

Los entrenadores reconocen el dolor.

Los entrenadores validan el esfuerzo.

Los entrenadores nunca hacen el trabajo por el atleta.

Los entrenadores ciertamente nunca están de acuerdo con el oponente.

Tu respuesta como entrenador es validación seguida de separación y acción.

Validación.

"Sé lo pesado que se siente ese miedo en este momento."

Separación.

"Esa es la ansiedad del matón tratando de convencerte de que te quedes en casa."

Acción.

"¿Cuál es la cosa más pequeña que podemos hacer ahora mismo para hacer enojar al matón?"

Este es el estilo de comunicación central para el resto de este programa.

Pueden parecerte raras al principio.

Pueden parecerte poco naturales dejar de decir: "Estará bien."

Tu hijo puede resistirse a este cambio de lenguaje inicialmente.

Pueden decir: "No es el troll, mamá. Realmente necesito revisar la puerta."

Esta es la resistencia del sistema de miedo.

Es el matón tratando de protegerse.

Sé firme.

Sé gentil pero firme.

Responde con más validación y separación.

"Entiendo que sientes que realmente eres tú quien necesita revisar."

"Así de astuto es el troll del TOC. Te engaña haciéndote pensar que es tu idea."

"Pero ahora sabemos mejor. Nosotros somos los dueños de la puerta, no el troll."

Mantén esta línea.

El objetivo es proporcionar empatía sin otorgar la recompensa de la evitación o la reasurance.

La reasurance es una solución rápida que perpetúa el sufrimiento a largo plazo.

La validación es un enfoque más difícil y lento que construye resiliencia a largo plazo.

Es la diferencia entre darle a una persona hambrienta un pequeño trozo de chocolate o enseñarle a cultivar.

Estamos cultivando resiliencia en tu sala de estar.

Empieza a usar la validación del Espejo Mágico hoy.

Empieza a etiquetar al matón de inmediato.

Este simple cambio de lenguaje preparará a tu hijo para los pasos más grandes que vienen a continuación.

Los siguientes pasos involucran acción.

La acción es exposición.

El Reinicio de Lenguaje hace que la exposición sea posible.

Crea un enemigo común al que ambos pueden enfrentar.

Eres el entrenador inquebrantable y validante.

Estás listo para el siguiente movimiento.

Ese siguiente movimiento es ser la roca durante el pánico real.

Esa es la Hack 3.

Preparémonos para anclar la tormenta.

CHAPTER FOUR

HACK 3 Y 4: LA ESTRATEGIA DEL 'ANCLA IMPERTURBABLE': CÓMO DETENER UN ATAQUE DE PÁNICO A GRAN ESCALA EN 90 SEGUNDOS... ADEMÁS, EL PLANO PARA LA ESCALERA DE MIEDO LIDERADA POR LOS PADRES (VALOR: $497)

ESTÁS AGOTADO POR EL DRAMA.

Cualquier padre que ha visto a su hijo desmoronarse conoce este sentimiento.

La respuesta al miedo golpea como un tsunami.

Es repentina.

Es ruidosa.

Es aterradora para todos los involucrados.

Tu hijo está gritando que no puede respirar.

Están temblando incontrolablemente.

Están convencidos de que están muriendo o volviéndose locos.

Tu corazón late junto al suyo.

Este es el momento en que la mayoría de los padres falla la prueba.

Digo esto con compasión, no con juicio.

Fallaste la prueba porque tu instinto amoroso y natural toma el control.

Te apresuras a solucionarlo.

Empiezas a hablar rápido.

Haces media docena de preguntas.

¿Estás bien?.

¿Qué pasó?.

Respira por mí.

Disminuye la velocidad.

Deja de llorar.

Intentas desmantelar lógicamente el ataque de pánico justo en medio de una tormenta química.

Esto es exactamente lo incorrecto que debes hacer.

Retrocede cada vez.

Es el Hack 3 que aplicamos en estos críticos 90 segundos.

Esta es la Estrategia del Ancla Imperturbable.

Este hack cambia por completo tu rol.

Dejas de ser el médico frenético tratando de detener la hemorragia.

Te conviertes en la roca inamovible en el centro de la tormenta.

El cerebro de tu hijo está buscando puntos de datos.

Está tratando de confirmar si el miedo que está generando es miedo real.

¿Hay un tigre en la habitación?.

¿Es este peligro real?.

Cuando entras en pánico, confirmas el peligro.

Tu voz alta y rápida dice: sí, algo está terriblemente mal.

Tu movimiento apresurado dice: sí, necesitamos escapar de inmediato.

Tu ansiedad refleja su ansiedad.

El sistema se eleva al instante.

Para detener un ataque de pánico, debes presentar un punto de datos alternativo.

Debes convertirte en la prueba de que el entorno es seguro.

Esto requiere actuar.

Requiere control físico de tu parte.

Cuando el pánico golpea, debes pausar durante dos segundos antes de reaccionar.

Funda tus pies firmemente en el suelo.

Baja tus hombros.

Baja el volumen y el tono de tu voz.

Esto es innegociable.

Tu hijo necesita escuchar una profunda y lenta resonancia de certeza.

Cuando hables, usa el mínimo absoluto de palabras posible.

No hagas preguntas.

No intentes encontrar la causa del pánico.

La causa es irrelevante en este momento.

El tratamiento es tu calma.

Aquí está el guion de 90 segundos para el Ancla Inquebrantable.

Paso uno. Ponte físicamente bajo.

Si tu hijo está en el suelo, tú te sientas en el suelo cerca.

No te inclines sobre ellos.

Esto minimiza la percepción de amenaza.

Paso dos. Usa una línea de validación.

Veo que estás teniendo un ataque de pánico.

Veo que tienes miedo.

Eso es todo lo que dices.

No digas 'Está bien' o 'Estás a salvo' aún.

Solo reconocimiento sin drama.

Paso tres. Declara la verdad biológica de manera neutral.

Tu cerebro piensa que estamos huyendo de un oso.

Tu cuerpo está trabajando duro.

Pasará.

Paso cuatro. La declaración del Ancla.

Aquí estoy.

Estoy tranquilo.

Me quedaré aquí hasta que esto termine.

No necesitas hacer nada.

Solo siente las emociones.

Luego dejas de hablar.

El movimiento crucial en este truco es el silencio que sigue.

Esperas.

Te conviertes en el testigo silencioso.

No guías su respiración.

La instrucción de respirar más profundo a menudo les hace sentir ahogados.

No los tocas a menos que pidan específicamente consuelo.

El contacto físico durante el pánico a veces puede aumentar la sensación de estar atrapado.

Solo te sientas allí.

Respiras despacio tú mismo.

Tu respiración lenta es lo único que deben notar.

Su lenguaje corporal comenzará a coincidir con el tuyo.

Te observan.

Les estás mostrando que este sentimiento, este terror, es temporal.

Es manejable.

No es una emergencia para ti.

Por lo tanto, no es una emergencia fatal para ellos.

Esta calma inquebrantable es una forma de terapia de exposición en sí misma.

Están expuestos a la sensación de pánico.

Están expuestos al impulso de escapar.

Pero no pueden escapar porque tú, el ancla, no te estás moviendo.

Aprenden en ese momento que pueden sobrevivir a la sensación.

Lo aprenden al observar tu completa falta de reacción.

Recuerda que el objetivo no es detener el pánico de inmediato.

El objetivo es mostrarles que están a salvo incluso mientras el pánico está sucediendo.

Esto reduce el pánico secundario, el miedo al miedo mismo.

El Truco 3 establece el escenario para el Truco 4.

El Truco 4 es la Escalera de Miedo Liderada por los Padres.

Hemos pasado los últimos capítulos hablando sobre evitar la evitación.

Sabemos que la evitación es la fuente de combustible para la ansiedad.

Cada vez que tu hijo evita algo aterrador, el monstruo de la ansiedad se vuelve más fuerte.

Si vamos a derrotar al matón, tenemos que enfrentarlo.

Hacemos esto sistemáticamente.

No simplemente los lanzamos a lo profundo.

Usamos la Escalera de Miedo.

Este esquema a menudo se llama Jerarquía de Exposición en terapia.

Es la herramienta más potente en el tratamiento cognitivo-conductual para la ansiedad y el TOC.

Y el padre debe ser el arquitecto principal.

Si dejas esto en manos del niño, hará que los pasos sean demasiado fáciles o demasiado imposibles.

Necesitamos exposiciones adecuadas.

Justo correcto.

La Escalera de Miedo toma un miedo masivo y abrumador y lo descompone en pasos pequeños y manejables.

Piénsalo como escalar un rascacielos.

No saltas del piso de abajo al piso cien.

Tomas el ascensor un piso a la vez.

Este proceso estructurado elimina la imprevisibilidad de la exposición.

La ansiedad odia la predictibilidad.

Se alimenta del caos desconocido.

Le estamos quitando ese poder.

El primer paso para construir la escalera es identificar el objetivo.

¿Cuál es la cosa más grande que el troll de la ansiedad o el TOC está exigiendo o evitando?

¿Es dormir solo?

¿Es tocar ciertas superficies?

¿Es ir a la escuela?

¿Es la separación de ti?

Tomemos la ansiedad por separación como nuestro ejemplo.

El objetivo final, la parte superior de la escalera, es 100 en la escala de miedo.

Es decir, pasar la noche en casa de la abuela sin que tú estés cerca.

Eso es el salto de altura.

Comenzamos en la piscina para chapotear.

Necesitas enumerar de diez a quince pasos que lleven a ese objetivo.

Esta es una sesión de lluvia de ideas para ti, el padre.

No involucres al niño aún en la creación.

Eres el entrenador que escribe las jugadas.

Usas una Escala de Unidades Subjetivas de Angustia, o SUDS, para calificar cada paso.

Cero es ninguna ansiedad.

Cien es pánico total.

Tus exposiciones iniciales deberían estar calificadas entre 20 y 30.

Debes ser incómodas, pero manejables.

Para la ansiedad por separación, un paso 20 podría ser mamá de pie fuera de la puerta del dormitorio durante cinco minutos mientras el niño juega solo adentro.

Un paso 30 podría ser mamá sentada en el auto afuera de la casa durante diez minutos mientras el niño se queda adentro con la niñera.

Un paso 50 es mamá haciendo un recado rápido durante 30 minutos.

Un paso 70 es mamá fuera durante dos horas en una película.

Escribes cada paso.

Creas un mapa visual.

El niño necesita ver hacia dónde va.

Esta transparencia genera confianza en tu proceso.

Una vez que se construye la escalera, se la presentas a tu hijo no como un castigo, sino como un mapa hacia la libertad.

Lo enmarcas utilizando el lenguaje del Hack 2.

Vamos a hacer que el monstruo de la ansiedad se aburra mucho.

Vamos a enseñarle al matón que ahora somos los jefes.

Vamos a subir esta escalera juntos.

La segunda parte del Hack 4 es la regla de ejecución crucial.

La regla es elección dentro de la estructura.

El niño no elige si hacemos una exposición hoy.

Ellos eligen qué exposición hacemos hoy.

Esto les da una sensación de autonomía.

Ellos están eligiendo la pelea, no se les impone completamente.

Les dices que debemos dar un paso en la escalera hoy.

¿Quieres hacer el paso dos o el paso tres?

No estamos retrocediendo.

Solo estamos avanzando.

Una vez que te comprometes con un paso, hay dos reglas de oro.

Regla uno. No hay aseguramiento durante la exposición.

Ya cubrimos esto en detalle.

El niño debe permanecer en el miedo sin ser rescatado por tus palabras.

Regla dos. La exposición es no negociable una vez que comienza.

No puedes dejar que se rindan a mitad de camino.

Si el paso es quedarse en el coche solo durante diez minutos, te quedas ese tiempo fuera.

Incluso si están llorando en el minuto siete.

Si cedes, les enseñas que llorar más fuerte es la ruta de escape.

Le enseñas al monstruo de la ansiedad que si lucha lo suficiente, gana.

No podemos permitir esa pérdida.

Aquí es donde el Ancla Imperturbable vuelve a entrar en juego.

Estás liderando la escalera.

Eres quien establece el límite de tiempo.

Cuando la ansiedad se dispara a mitad de la exposición, tú estás calmado.

Usas la misma voz lenta y tranquila.

Veo que estás asustado ahora mismo.

Nos quedan tres minutos en este paso.

Nos mantenemos fuertes.

Luego regresas al silencio.

La exposición solo es exitosa cuando el niño permanece en la situación el tiempo suficiente para que la ansiedad disminuya de manera natural.

Esto lo llamamos habituación.

Ese es el secreto para reconfigurar el cerebro que cubriremos completamente en el próximo capítulo.

Pero por ahora, entiende el resultado práctico.

Si el nivel de miedo comienza en 30, debemos quedarnos allí hasta que baje por debajo de 15.

Eso es la prueba de que el cerebro se está adaptando.

Esa es la prueba de que el circuito del miedo se está rompiendo.

Tu tarea como entrenador es asegurarte de que completen la duración de la tarea, cueste lo que cueste en incomodidad temporal.

Recuerda, estás priorizando la libertad emocional a largo plazo sobre la paz a corto plazo.

Este es un plan de batalla profesional.

Es sistemático.

Es guiado por los padres.

Está estructurado.

La Escalera del Miedo es el camino fuera de la evitación.

El Ancla Imperturbable es la mentalidad que hace posible la escalada.

Proporcionas la seguridad.

Ellos proporcionan el esfuerzo.

Estás listo para trazar la ascensión de tu hijo hacia la resiliencia.

Tú eres la solución.

CHAPTER FIVE

HACK 5 Y 6: EL SECRETO DE RECONFIGURACIÓN DEL CEREBRO EN 7 MINUTOS - CÓMO FORZAR AL CIRCUITO DE ANSIEDAD A AUTODESTRUIRSE... Y LOS 3 GUIONES PARA BLOQUEAR RITUALES COMPULSIVOS SIN COMENZAR UNA GUERRA

Aquí es donde comienza el verdadero poder.

Hemos manejado el lenguaje.

Hemos manejado tu calma.

Hemos creado el mapa para el miedo.

Ahora debemos ejecutar la ciencia.

Vamos a enseñar al cerebro de tu hijo a autodestruir el circuito del miedo.

Este es el Hack 5.

El Hack 5 se llama Habituación.

Es el concepto más crítico en el tratamiento de la ansiedad.

Suena complejo.

Es increíblemente simple.

Es el Secreto de Reconfiguración del Cerebro en 7 Minutos.

Piense en un olor.

Cuando entras a una panadería, el aroma del pan fresco es abrumador.

Es fuerte.

Tus sentidos están inundados.

Después de cinco minutos dentro, ¿qué pasa?

El olor se desvanece.

Dejas de notarlo.

Aún está allí, pero tu cerebro ha decidido que no es una amenaza.

Tu cerebro ha decidido que no es información nueva.

Se ha habituado.

La misma cosa ocurre con el miedo.

La ansiedad es un sentimiento de amenaza.

Es un gran aumento de adrenalina.

Es una alarma contra incendios sonando en el cerebro.

Es ruidosa.

Es aterradora.

Exige atención inmediata.

Cuando tu hijo comienza una tarea de exposición, o cuando enfrenta un miedo que normalmente evita, suena la alarma.

Suena instantáneamente.

Su puntuación de ansiedad se dispara a un 9 o 10.

Se siente insoportable.

Este es el momento de verdad.

La reacción natural y en pánico es huir.

El niño quiere escapar de la panadería.

Quieren salir de la habitación.

Quieren lavarse las manos inmediatamente.

Quieren comprobar la cerradura una vez más.

Quieren el alivio.

Este alivio se llama evitación.

La evitación hace que la puntuación de ansiedad caiga instantáneamente de nuevo a un 2.

El cerebro aprende una lección peligrosa en ese momento.

Aprende, "Mi sistema de alarma me salvó."

Aprende, "El miedo era real y escapar era necesario."

El circuito del miedo se fortalece.

Ahora observa la habituación.

Mantienes a tu hijo en la situación de miedo.

Utilizas el Hack 3, El Ancla Inquebrantable, para mantenerte completamente tranquilo.

Te mantienes firme.

Tu hijo está angustiado.

Están gritando.

Están colapsando emocionalmente.

Pero no les dejas evitarlo.

Los mantienes en la panadería.

El pico de adrenalina está diseñado para ser temporal.

Es un estado agotador para el cuerpo.

No se puede mantener por mucho tiempo.

El cuerpo simplemente se queda sin combustible para esa intensa pánico.

Si tu hijo se queda en esa zona de miedo de 9/10, sin huir o buscar un ritual, su cerebro se da cuenta de algo profundo.

Se da cuenta, "La señal de peligro está equivocada."

Se da cuenta, "Todavía estoy aquí. Estoy a salvo. No morí."

Este es el secreto de 7 minutos.

Para la mayoría de los niños, el pico inicial de terror alcanza su punto máximo y comienza a bajar en 7 a 10 minutos.

Puede tomar más tiempo a veces.

Pero la disminución está garantizada.

La única forma de detener la caída es abandonar la situación o realizar un ritual.

Estamos enseñando al cerebro a ver la falsa alarma hasta el final.

La ansiedad disminuye de forma natural.

El niño experimenta alivio no porque haya huido, sino porque soportó.

Se mantuvo firme.

Así es como el circuito de ansiedad se autodestruye.

Se priva de la recompensa.

La recompensa es el alivio de la evitación.

Tu trabajo como padre es el observador del tiempo.

Eres el guardián del tiempo.

Cuando están gritando acerca del dibujo de la araña, o del pomo de la puerta sucio, o del pensamiento de un desastre.

Miras el reloj.

Dices, "Veo que el Monstruo te está haciendo sentir muy mal. Nos quedaremos aquí hasta que el Monstruo se aburra."

Entonces esperas 7 minutos.

No te involucres con el contenido del miedo.

Solo involúcrate con el coraje.

Cuando sientan la primera caída en la ansiedad, incluso de un 9 a un 8, esa es la prueba química de seguridad.

Refuerzas ese momento.

"¿Sentiste ese pequeño cambio? Eso fue tu coraje ganando."

Este es el mecanismo fundamental de la terapia de exposición.

Estamos utilizando la capacidad natural del cerebro para adaptarse.

Si se expone a algo aterrador y no pasa nada malo, el cerebro eventualmente etiqueta esa cosa como segura.

Es la herramienta más poderosa que posees.

Pero requiere firmeza.

Requiere que mantengas a tu hijo en la incomodidad el tiempo suficiente para que pasen los mágicos 7 minutos.

Esto nos lleva directamente al Hack 6.

Debemos bloquear agresivamente el mecanismo de evitación.

Cuando la ansiedad está presente, la evitación parece huir de un perro.

Cuando el TOC está presente, la evitación parece realizar un ritual compulsivo.

El Hack 6 es el Bloqueo de Rituales.

Si el Hack 5 es la teoría de la resistencia, el Hack 6 es la guerra práctica contra el Troll.

Recuerda la diferencia.

La ansiedad es el sentimiento.

El Bully exige que evites cosas como fiestas o multitudes.

El TOC es el ciclo.

El Troll fuerza una obsesión, un pensamiento aterrador.

Luego exige un ritual, una acción compulsiva, para neutralizar temporalmente el terror.

Lavarse las manos 10 veces es el ritual.

Comprobar la estufa 4 veces es el ritual.

Preguntar, "¿Estás seguro de que no me voy a enfermar?" tres veces es el ritual.

Estos rituales son el suministro de oxígeno para el Troll del TOC.

Si dejas que tu hijo realice el ritual, acabas de habilitar al Troll.

El miedo disminuye temporalmente.

El circuito se fortalece permanentemente.

Debes bloquear el ritual cada vez.

Cien por ciento de las veces.

No hay excepciones.

Una sola excepción le enseña al cerebro que si lucha lo suficiente, el ritual sucederá.

Esta es la parte más difícil para la mayoría de los padres.

Se siente cruel.

Se siente contraintuitivo.

Estás bloqueando su única fuente percibida de alivio.

Debes recordar que estás bloqueando un comportamiento.

No estás bloqueando sus sentimientos.

Validas la angustia.

Bloqueas la compulsión.

¿Cómo bloqueas un ritual compulsivo sin iniciar una guerra?

Requiere preparación y tres guiones específicos.

Guion 1: El Reconocimiento y Desviación (Para la Búsqueda de Reaseguramiento).

La búsqueda de reaseguramiento es el ritual más común y dañino.

Es preguntar de manera obsesiva.

"¿Está la puerta cerrada?"

"¿Estás seguro de que el gato está bien?"

"¿Terminé bien mi tarea?"

"¿Está garantizado que no chocaremos el coche?"

Tu instinto natural como padre es responder la pregunta.

Quieres tranquilizarlos.

Debes resistir este impulso por completo.

Responder a la pregunta es realizar el ritual por ellos.

Eres su cómplice.

En su lugar, utiliza este guion.

Niño: "Mamá, ¿cerré la puerta de enfrente? Tengo que comprobarlo nuevamente."

Padre: "Escucho que el Troll te hace sentir que necesitas comprobar esa puerta."

Padre: "Sé que ese sentimiento es poderoso en este momento."

Padre: "Ya establecimos que comprobar es el trabajo del Troll."

Padre: "No voy a ayudar al Troll hoy."

Padre: "Tu trabajo es sentir esa sensación de ansiedad y recordar que estamos haciendo Hack 5."

Padre: "En su lugar, vamos a leer un libro juntos."

Validas el sentimiento.

Etiquetas la fuente (el Troll o el Monstruo).

Rechazas explícitamente el ritual.

Ofreces un redireccionamiento a una actividad que no cause ansiedad.

Debes ser un disco rayado.

Preguntarán de nuevo.

Darás la misma respuesta exacta.

Ten paciencia, pero mantente firme.

Guion 2: El Rechazo Suave pero Firme (Para Rituales Físicos).

Esto se aplica al lavado de manos, tocar cosas múltiples veces, organizar en exceso o repetir frases.

Estos son a menudo más visibles.

Son más fáciles de bloquear, pero el colapso resultante suele ser más intenso.

Ejemplo: Un niño insiste en lavarse las manos durante tres minutos después de tocar un control remoto.

Padre: "Veo que estás preocupado por el control remoto."

Padre: "Hoy nos lavaremos las manos durante 30 segundos."

Niño: "¡No! ¡Necesito más tiempo! ¡Todavía está sucio!"

Padre: "Sé que el Troll te está diciendo eso."

Padre: "Hemos terminado con el lavado de manos por ahora."

Padre: (Redireccionándolos física pero suavemente lejos del fregadero).

Padre: "Yo estoy a cargo de las reglas de lavado de manos."

Padre: "Tú estás a cargo de practicar tu valentía."

Estás estableciendo la regla con firmeza.

Estás reconociendo su angustia interior ("Sé que el Troll te está diciendo eso").

Estás proporcionando el límite inmediato.

Estás bloqueando físicamente la compulsión si es necesario, sin ser agresivo.

Tu tono debe permanecer absolutamente calmado.

Esto modela el Hack 3.

Si el ritual implica organizar en extremo, deberías decir: "Lo siento, pero el Troll no puede dictar cómo se alinean nuestros juguetes."

Debes tolerar intencionadamente el desorden o la aparente incorrectitud.

El niño necesita experimentar el aumento de ansiedad causado por el ritual no completado.

Luego necesita ver que no pasa nada malo.

Esto es Hack 5 en acción.

Guion 3: La Demora Basada en el Tiempo (La Estrategia de Compromiso).

A veces, un bloqueo total e inmediato conduce a violencia o angustia extrema que es abrumadora para que el padre la maneje inicialmente.

Este guion es una demora estratégica.

Es especialmente útil para rituales de verificación o compulsiones organizativas menores.

La demora no es negación, sino que interrumpe el bucle de retroalimentación inmediato y adictivo del ritual.

Niño: "Necesito volver adentro y comprobar la estufa ahora mismo."

Padre: "La verificación de la estufa está por venir."

Padre: "El Troll necesita esperar primero 10 minutos."

Padre: "Vamos a darle la vuelta a la manzana dos veces, y luego hablaremos de la estufa."

El objetivo es introducir un espacio entre el aumento de ansiedad y el comportamiento de alivio.

Si el niño acepta la demora, la ansiedad comienza a bajar naturalmente durante esos 10 minutos (Hack 5).

Cuando se acaban los 10 minutos, el padre dice: "Está bien, se acabó el tiempo. ¿Cuán alta es la preocupación ahora?"

A menudo, la ansiedad ha bajado de un 9 a un 6 o 7.

Luego el padre dice: "Genial. Acabas de demostrar que no necesitas comprobarlo. Vences al Troll durante 10 minutos. Duplicamos ese tiempo."

Si no pueden esperar 10 minutos, podrías empezar con 3 minutos.

La clave es el aumento incremental.

Estás exigiendo que toleren el pánico inicial sin la solución rápida habitual.

Todo este proceso de Bloqueo de Rituales es lo opuesto a habilitar.

Es un desafío directo al Troll.

Es compasivo.

Es seguro.

Es la única manera de probar al cerebro de tu hijo que el ritual no es una necesidad para la seguridad.

Es solo una droga temporal para la ansiedad.

Estamos desintoxicando el cerebro de esa droga.

Estos dos hacks, Habitualización y Bloqueo de Rituales, son el núcleo del tratamiento.

El Hack 5 es el mecanismo de cambio.

El Hack 6 es la aplicación del cambio.

Debes poner tu pie en el suelo.

Debes ser la autoridad en seguridad.

Eres el jefe de los rituales ahora.

Verás una gran resistencia al principio.

Esto es prueba de que los hacks están funcionando.

Estás muriendo de hambre al Monstruo.

Está teniendo una rabieta porque está perdiendo su suministro de comida.

Mantén la línea.

Recuerda el secreto de 7 minutos.

El alivio está en camino, pero solo después de que soporten el pico.

CHAPTER SIX

HACK 7 & 8: LA TRAMPA DE REASEGURACIÓN - POR QUÉ '¿ESTÁS SEGURO DE QUE ESTAMOS A SALVO?' ES UNA PÍLDORA VENENOSA... ADEMÁS, LAS 4 REGLAS NO NEGOCIABLES QUE DETIENEN LA ANSIEDAD DESDE DICTAR EL PROGRAMA FAMILIAR

Este es el hack más peligroso.

Es peligroso porque se siente incorrecto.

Te pide que hagas lo opuesto a lo que cada instinto parental te dice que hagas.

Te pide que retengas el consuelo.

Te pide que niegues la paz.

Pero esa paz es falsa.

Ese consuelo es una mentira.

Estamos hablando del Hack 7.

Esta es la TRAMPA de Reaseguración.

La reaseguración es la píldora venenosa de la crianza de ansiedad.

Es sutil.

Parece amor.

Suena a responsabilidad.

Tu hijo te hace una pregunta.

¿Estás seguro de que la estufa está apagada?

¿Cerraste la puerta del coche?

¿Ese dolor de cabeza es cáncer?

¿Esa mancha en mi camiseta es permanente?

¿El perro del vecino es seguro?

Tu respuesta automática, amorosa y protectora siempre es Sí.

Por supuesto, cariño.

Lo revisé dos veces.

Todo está bien.

Tu hijo siente un alivio inmediato.

Exhala.

Exhalas.

El momento ha terminado.

Pero el matón de la ansiedad acaba de ganar una batalla importante.

La reafirmación no es una solución.

Es una compulsión disfrazada de pregunta.

Funciona exactamente de la misma manera que comprobar la estufa diez veces o lavarse las manos hasta que se agrieten.

Es un ritual.

El niño siente un golpe de incertidumbre o miedo.

Realizan un ritual.

El ritual proporciona una sensación temporal de control o seguridad.

Ese sentimiento temporal refuerza la creencia de que el miedo era real.

Demuestra que el ritual los salvó.

Pedirte confirmación de seguridad es su ritual.

Tu respuesta es su red de seguridad temporal.

Estás entrenando su cerebro para creer que no pueden tolerar la incertidumbre.

Estás entrenando su cerebro para creer que tú eres la única fuente de seguridad.

Este es un ciclo desastroso para la independencia.

Es un ciclo implacable para los padres.

No puedes garantizar la seguridad veinticuatro horas al día.

No puedes convertirte en un monitor de seguridad humano.

Tenemos que cortar el suministro de oxígeno al Bully de la Reafirmación.

Tenemos que dejar de responder la pregunta.

Esto no significa que seas frío.

Significa que tienes confianza.

Significa que estás transfiriendo la responsabilidad de tolerar la incertidumbre de vuelta al niño.

Necesitan aprender que la sensación de necesitar certeza es temporal.

Necesitan aprender que pueden manejar la angustia que viene de no saber.

Este es el fundamento de la terapia cognitivo-conductual.

El padre debe dejar de acomodar el miedo.

Entonces, ¿cómo detenemos la trampa de la reafirmación?

Empleamos guiones de desviación.

Estos guiones deben ser memorizados.

Debes entregarlos con la calma y energía imperturbable del Hack 3.

No estás molesto.

Simplemente estás afirmando un hecho.

Eres un disco rayado de no reafirmación.

Primero, identifica la pregunta como una demanda de ansiedad.

Una pregunta es una demanda de ansiedad si se ha hecho antes.

Una pregunta es una demanda de ansiedad si te pide garantizar un resultado futuro.

Una pregunta es una demanda de ansiedad si te pide comprobar o verificar algo de bajo riesgo.

Cuando llega la demanda, pivotas inmediatamente.

No te involucras en el contenido.

Te ocupas del miedo subyacente.

Veamos algunos ejemplos de los guiones que debes usar.

El niño pregunta, ¿Mamá, estás segura de que la luz del auto era verde?

Respondes, Eso suena como el Bully de la Ansiedad buscando un refrigerio.

El niño pregunta, Creo que escuché un ruido. ¿Está todo el mundo seguro en esta casa?

Respondes, Veo que el monstruo del miedo está tratando de hacerme hacer su trabajo.

El niño pregunta, Me siento mal. ¿Esto va a ser grave?

Respondes, Esa es una sensación difícil. Puedes manejar esa sensación sin comprobar.

La clave es repetición y simplicidad.

Usas los guiones para redirigir su atención lejos del contenido del miedo y hacia el mecanismo del miedo.

No estás desestimando su sentimiento.

Estás validando su esfuerzo por realizar un ritual.

El Hack 1 nos dijo que validar la emoción.

Veo que estás asustado.

Sé que estás preocupado.

Luego aplicamos el Hack 7.

Sé que estás preocupado, pero no voy a darle al monstruo de la preocupación la respuesta que quiere.

Así es como fusionas los hacks.

Es una validación amorosa seguida de un establecimiento de límites firmes.

El niño se resistirá.

Escalarán.

Están acostumbrados al alivio rápido.

Intentarán más duro para hacerte ceder.

Esto es normal.

Esto es el estallido de extinción.

Debes mantener la línea.

Debes ser el Ancla.

Si te cedes después de cuarenta minutos llorando, les has enseñado una lección terrible.

Les has enseñado que cuarenta minutos de escalada les da la respuesta.

Debes cortar eso rápidamente.

El enfoque de disco rayado funciona mejor.

Ya te dije que no estoy discutiendo eso con el Bully.

Te quiero.

He terminado de hablar sobre eso.

Ve a dibujar una imagen del Bully en su lugar.

O, Aquí hay uno bueno para los niños mayores.

Cuando ellos preguntan, ¿Cerré la puerta con llave?

Respondes, ¿Qué dice el Troll de la Ansiedad que debería hacer?

Ellos dicen, Dime que la cerraste con llave.

Dices, Correcto. ¿Y qué se supone que debemos decirle al Troll?

Ellos dicen, Que deje de preguntar.

Dices, Exactamente.

Estás obligándolos a practicar sus habilidades de afrontamiento usando tu desviación como el desencadenante.

Estás transfiriendo el diálogo interno de Padre-a-Hijo a Hijo-a-Ansiedad.

Esta es una liberación poderosa para ti y para ellos.

Ahora pasamos al Hack 8.

El Hack 8 es el Establecimiento de Límites Confiables.

Si el Hack 7 trata sobre interacciones microscópicas, el Hack 8 trata sobre la estructura macro de la vida familiar.

La ansiedad es una experta negociadora.

Exige acomodaciones.

Busca reducir el mundo de la familia hasta que sea pequeño y controlable.

Si dejas que el monstruo de la ansiedad dictamine tu horario, no estás viviendo.

Estás sobreviviendo a sus órdenes.

El objetivo de este hack es instalar cuatro reglas innegociables.

Estas reglas funcionan como estrellas fijas en el cielo nocturno.

Son estables.

No se mueven.

Proporcionan seguridad no porque garanticen resultados, sino porque garantizan predictibilidad.

La Regla 1 es Nadie Más Realiza el Ritual.

Esto se trata de prevenir que los miembros de la familia faciliten el ciclo.

Si tu hijo tiene TOC por contaminación, otros miembros de la familia pueden comenzar a limpiar cosas por ellos.

Si tu hijo tiene ansiedad por separación, el otro padre puede evitar la noche de cita.

Si tu hijo es un verificador, los hermanos pueden comenzar a verificar cosas y reportar de vuelta.

Esto es acomodación.

Es peligroso.

La regla es simple.

Te estamos ayudando a luchar contra el monstruo.

No ayudaremos al monstruo a luchar contra ti.

Todos los miembros de la familia deben aceptar esta regla.

Si tu pareja asume el ritual, está deshaciendo tu arduo trabajo.

Si la abuela verifica los enchufes eléctricos cuando visita, está alimentando al matón.

Tu papel como padre-líder del tratamiento es hacer cumplir esta regla en todos los casos.

La regla 2 es La Ansiedad No Cancela Planes.

Se trata de prevenir la evitación.

La evitación es el mecanismo central de mantenimiento de la ansiedad.

Si tu hijo está ansioso por una obra escolar, una salida o una pijamada, la tentación es dejar que lo omita.

Se siente amable.

Se siente gentil.

Es mortal para la recuperación.

Cuando permites la evitación, confirmas el peligro.

Le enseñas al cerebro que la situación era, de hecho, demasiado arriesgada.

La regla establece que a menos que el niño tenga fiebre alta o un hueso roto, el plan procede según lo programado.

Podemos proceder asustados.

Podemos proceder llorando.

Pero procedemos.

Tu trabajo es ser el copiloto confiado.

sé que esto es difícil.

De todos modos, vamos.

Eres lo suficientemente fuerte como para sentir miedo y aún así participar.

Esto debe ser innegociable.

La regla 3 es Dormir Ocurre en Tu Cama.

Este límite es crucial para muchas familias que luchan con la ansiedad por separación o el miedo a la oscuridad.

El niño a menudo exige dormir con los padres.

Esta es una acomodación poderosa que destruye la calidad del sueño y la intimidad parental.

Si la ansiedad está dictando tus arreglos para dormir, ha tomado demasiado territorio.

La regla está grabada en piedra.

Una vez que el niño es lo suficientemente mayor como para dormir de forma independiente, allí es donde duerme.

Si vienen a tu habitación a mitad de la noche, tienes una respuesta específica y escrita.

Te quiero.

Sé que tienes miedo.

Puedes manejar estar asustado.

Es hora de volver a tu propia cama.

Los acompañas de vuelta suavemente.

No discutes.

No das lecciones.

No caes en la trampa de la tranquilidad.

Si siguen regresando, los acompañas de vuelta cada vez hasta que se queden.

Esto puede significar tres noches sin dormir para ti.

Pero esas tres noches compran años de paz e independencia después.

Es una inversión.

La regla 4 es No Cuestionar de Manera Repetitiva Después de una Respuesta Clara.

Esto está directamente relacionado con el Hack 7 pero lo solidifica como una regla familiar estructural.

El niño ansioso puede hacer la misma pregunta cinco veces en cinco minutos.

Ya establecimos que dejas de responder al contenido.

La regla de límite establece que después de utilizar el guion de desvío una vez, la conversación se cierra.

Si el niño continúa presionando, debe seguir una consecuencia de límite.

No es un castigo.

Es la eliminación necesaria de la atención o privilegio que permite el ciclo.

Ejemplo.

El niño pide tranquilidad por quinta vez mientras lees un libro juntos.

Usas el guion de desvío.

No estoy hablando con el matón.

El niño vuelve a preguntar inmediatamente.

Miras a los ojos, con calma.

Te he respondido.

No voy a hablar de esto de nuevo.

Si preguntas de nuevo, nuestro tiempo de lectura termina por la noche.

Si preguntan una séptima vez, cierras el libro inmediatamente.

Mantienes la calma.

Retiras la atención deseada.

Dices, veo que elegiste preguntar de nuevo.

El tiempo de lectura ha terminado.

Podemos intentarlo de nuevo mañana cuando el matón se mantenga en silencio.

Esto es increíblemente difícil.

Traerá lágrimas.

Traerá enojo.

Pero tú eres el líder de la familia.

Estás estableciendo la estructura.

Eres el entrenador confiado.

Les estás enseñando que la ansiedad no puede dirigir la casa.

Puede existir.

No puede controlar.

Al establecer estos cuatro límites innegociables, reclamas enormes cantidades de territorio familiar.

Recuperas tu paz.

Recuperas tu derecho a una vida no dictada por el miedo.

Esta acción es terapia.

Así es como ganas.

CHAPTER SEVEN

HACK 9: EL PROTOCOLO DE 'NO SABOTAJE' - CÓMO HACER QUE HERMANOS, ABUELOS Y MAESTROS APLIQUEN TU PLAN (DETENER RESPUESTAS INCONSISTENTES QUE DESVIARON 6 SEMANAS DE PROGRESO)

Estás haciendo enormes avances.

Estás bloqueando los rituales en casa.

Estás usando los guiones de validación.

Estás siendo el ancla inflexible.

El monstruo del miedo está encogiendo.

Se está dando cuenta de que tus muros son sólidos.

Pero el monstruo es astuto.

Sabe que a veces dejas la casa.

Sabe que hay otros ayudantes.

Comienza a buscar lagunas.

Busca las grietas en tu fortaleza.

Este es el factor de sabotaje.

Es la mayor amenaza única para la recuperación de tu hijo.

Por eso el Hack 9 es innegociable.

El Protocolo de No Sabotaje se trata de consistencia.

Se trata de que todos los adultos estén en la misma página.

Si trabajas durante seis semanas para detener la reafirmación, ese trabajo se borra inmediatamente.

Sucede en el momento en que la abuela cede.

Sucede en el segundo en que el maestro permite que el niño se salte la presentación.

La inconsistencia enseña a tu hijo una lección peligrosa.

Les enseña que la persistencia da recompensa.

Si empujan la ansiedad lo suficiente, encontrarán un adulto que ceda.

Encontrarán el camino fácil.

Debemos cerrar el camino fácil por completo.

El tratamiento solo funciona cuando todo el sistema está unido.

Debes convertirte en el Director Ejecutivo de este plan de tratamiento.

Todos los demás son personal de apoyo.

Deben seguir tus directrices.

Las conversaciones más difíciles a menudo ocurren justo en casa.

Necesitamos comenzar con tu co-padre o cónyuge principal.

Podrías pensar que están alineados.

Pero observa detenidamente la rutina nocturna.

¿Uno de ustedes está revisando secretamente la estufa una última vez?

¿Uno de ustedes está apresurándose a calmar al niño más que el otro?

¿Siempre uno de los padres toma la rutina de acostarse ansiosa?

Si hay una diferencia, el niño lo sabe.

Lo explotarán sin piedad.

Debes programar una reunión específica y enfocada con tu pareja.

No es una charla casual durante la cena.

Es una reunión de directores sobre la integridad del tratamiento.

Trae la ciencia.

Explica lo que has aprendido sobre habilitar.

Explica que evitar el miedo no es amor.

Es habilitar el miedo.

Di claramente: "Ahora somos ambos entrenadores profesionales de exposición."

"Debemos hablar exactamente el mismo idioma."

"Si digo que no a un ritual de verificación, tú también debes decir que no."

"Si yo soy el ancla, no debes apresurarte a entrar con un salvavidas."

Si tu pareja está luchando, ayúdale a practicar los guiones.

Haz que sean el Ancla Imperturbable durante cinco minutos al día.

Practica diciendo: "Ese es el Monstruo hablando. Sé que puedes ignorarlo."

Asegúrate de que entiendan que la paz temporal ganada al acomodar la ansiedad conduce a una dependencia de por vida.

Su amor debe ser firme.

Su respuesta debe ser predecible.

Esa predictibilidad es terapéutica.

Cualquier desacuerdo entre padres, incluso señales no verbales sutiles, se convierte en un potencial punto de entrada para el Bully de la Ansiedad.

Detén la forma de escape hoy.

Ahora pasamos al siguiente grupo clave.

Los hermanos.

La ansiedad a menudo crea resentimiento en los hermanos.

Ven al niño ansioso recibiendo un tratamiento especial.

Ven la atención que se le da durante los arrebatos.

Se les dice que se callen o que acomoden el miedo.

Esto es dañino para la relación.

También inscribe a los hermanos en el ciclo de habilitación.

Podrían ayudar con rituales de OCD solo para terminar con ellos.

Podrían evitar ciertos juegos para prevenir un arrebato.

Necesitamos enlistarlos como aliados, no como víctimas pasivas.

Habla con tus otros hijos de manera honesta pero simple.

No los abrumes con términos clínicos.

Usa la metáfora del Monstruo.

Di: "Tu hermano está librando una dura batalla interna."

"Le estamos enseñando a ser más fuerte que el Monstruo."

"Cuando te pida que revises las luces, le está alimentando al Monstruo."

"Necesitamos tu ayuda para hacerlo pasar hambre."

Proporcionales instrucciones muy específicas.

Su rol no es ser un terapeuta.

Su rol es ser aburrido e inútil con respecto a la ansiedad.

Aquí está el guion para los hermanos.

"Cuando Liam te pregunte si el horno está apagado, dices: 'Eso suena como una pregunta para el Monstruo. Estoy hablando de fútbol.'"

"Cuando Emma te pida que le sostengas la mano porque el suelo está 'pegajoso', dices: 'Estoy ocupado. Tus manos están perfectamente limpias.'"

Enséñales a cambiar la conversación de inmediato.

La ansiedad ansía atención.

Enséñales a los hermanos a no darle atención a la ansiedad, pero sí mucha atención al niño que hace cosas valientes.

"Vaya, fuiste al sótano sin preguntarme tres veces. Eso es enorme."

Premia a los hermanos por su consistencia.

Reconoce que también es difícil para ellos.

Haz de esto una misión familiar para derrotar al Monstruo.

Los siguientes son las minas terrestres.

Los saboteadores amorosos.

Abuelos y otros cuidadores ocasionales.

Este es donde el progreso a menudo muere una muerte rápida.

Los abuelos operan desde un lugar de profundo amor protector.

Ven la angustia y quieren erradicarla al instante.

Creen que están ayudando al intervenir.

Se apresuran a reafirmar.

Se quedarán la noche porque el niño está asustado.

Permitirán la evitación porque 'es solo más fácil para todos.'

Debes abordar esta conversación con el máximo respeto pero con firmeza inquebrantable.

Esto no es una sugerencia.

Este es un protocolo médicamente necesario.

No les preguntes si están de acuerdo con tu estilo de crianza.

Declara el requisito del plan de tratamiento.

Les estás informando de las reglas de la casa y del programa de recuperación.

Necesitas comunicar claramente lo que necesitas que dejen de hacer.

Deja de dar reafirmación.

Deja de participar en rituales.

Deja de cambiar planes debido al miedo.

Proporciónales las frases específicas que deben usar.

Mantén el guion simple para ellos.

Necesitan una o dos líneas a las que puedan recurrir automáticamente.

Guion para abuelos y cuidadores:

"Mamá, hemos comenzado un programa de tratamiento intenso para la ansiedad de Sarah."

"Los expertos son muy claros en que el acomodamiento está impidiendo que ella mejore."

"Necesitamos tu apoyo absoluto en esto."

"Si ella te pregunta: '¿Vamos a estar bien?' necesitamos que digas: 'Sé que te sientes insegura en este momento. Tengo total confianza en ti.'

"No te involucres con el contenido del miedo."

"No le digas que está a salvo."

"Simplemente valida el sentimiento y sigue adelante."

Prepárate para la resistencia.

Pueden decir que estás siendo demasiado duro.

Pueden decir que estás dañando su confianza.

Tu respuesta debe ser tranquila e inquebrantable.

"Entiendo que esto se siente contraintuitivo, pero este es el camino necesario para su libertad a largo plazo."

"No podemos aceptar ninguna desviación del plan."

"Si no se puede garantizar la consistencia, necesitaremos cambiar temporalmente la estructura de visitas."

Esa última línea es dura.

Pero es vital.

Debes proteger la santidad del tratamiento.

La defensa perimetral final es el sistema escolar.

Los profesores y consejeros escolares son socios esenciales.

Pero están capacitados para cuidar y acomodar a los estudiantes.

A menudo, los acomodamientos por ansiedad son una práctica estándar.

Permitir entregas tardías.

Permitir excesivas visitas a la enfermera.

Dejar que el niño llame a casa cinco veces al día.

Estos acomodamientos son un sabotaje accidental.

Le enseñan al niño que el miedo es una razón legítima para escapar de la dificultad.

La escuela es donde tu hijo se enfrenta a exposiciones del mundo real todos los días.

Debemos aprovechar ese entorno.

Necesitas programar una reunión con el profesor y el consejero.

Envíales un resumen por escrito de tu protocolo.

Utiliza la frase 'Prevención de Respuesta a la Exposición Liderada por Padres.'

Esto señala que estás ejecutando un programa terapéutico, no solo quejándote del comportamiento.

Mantén tus instrucciones simples y prácticas para el entorno escolar.

Enfócate en los tres elementos no negociables.

No Negociable Uno: No llamadas a casa a menos que haya una lesión física.

Si el niño está en pánico, debe permanecer en el entorno.

El ataque de pánico debe alcanzar su punto máximo y disminuir sin escape.

Guion para el Profesor: "Sé que quieres llamar a sus padres ahora mismo. Pero ella está aprendiendo que este sentimiento pasa. Necesito que te quedes con ella y digas: 'Veo que estás muy upset. Necesitas quedarte aquí hasta el final de la clase.'"

No Negociable Dos: No hay acomodaciones académicas basadas en la ansiedad.

El miedo no es una excusa para omitir la presentación o el examen.

El objetivo es un comportamiento valiente, no comodidad.

Guion para el Profesor: "Si ella dice que no puede hacer el examen porque está nerviosa, por favor responde: 'Sé que el monstruo de la preocupación es ruidoso, pero necesitas sentarte y hacer tu mejor esfuerzo durante diez minutos. Tienes que terminar esta tarea.'"

No Negociable Tres: Cero garantías respecto a la separación o seguridad.

El profesor no debe ofrecer consuelo sobre que mamá los recogerá.

No deberían verificar repetidamente los protocolos de seguridad.

Guion para el Profesor: "Cuando ella pregunte si se va a enfermar, responde: 'Ese pensamiento no es útil en este momento. Enfoquémonos en geografía.'"

Presenta este plan con confianza.

No estás dictando su trabajo.

Les estás dando las herramientas para ayudar a tu hijo a lograr la independencia.

Enmarca esto como establecer altas expectativas para la resiliencia.

La mayoría de los profesores se sentirán aliviados de tener un mandato claro y científico.

También están cansados del ciclo de ansiedad.

Recuerda por qué esto es tan importante.

Cada paso que tu hijo da hacia la valentía es un depósito en el banco de la confianza.

Cada vez que un adulto acomoda el miedo, es un retiro.

Si tienes cinco adultos haciendo depósitos consistentes, el saldo crece rápidamente.

Si tienes un adulto haciendo grandes retiros, nunca te adelantas.

El Monstruo prospera en el caos y las señales mixtas.

El Protocolo de No Sabotaje exige una comunicación cristalina.

Exige valentía de tu parte para liderar a estos adultos.

Requiere que establezcas los límites para toda tu red de apoyo.

Sé el guardián inflexible de la recuperación de tu hijo.

Habla con una sola voz.

Actúa con un solo plan.

La consistencia que construyas en todos los ámbitos es el escudo protector que hace que la recuperación de tu hijo sea permanente.

Construye ese escudo ahora.

CHAPTER EIGHT

HACK 10: EL ESCUDO DE RESILIENCIA DE 14 DÍAS - PREDECIR Y APLASTAR 'PICOS' DE ANSIEDAD ANTES DE QUE SE CONVIERTAN EN RECAÍDAS COMPLETAS (TU ESTRATEGIA DE LIBERTAD A LARGO PLAZO)

Has trabajado incansablemente.

Has instalado los primeros nueve hacks.

Estás viendo éxito.

Quizás tu hijo esté durmiendo toda la noche de nuevo.

Quizás esté asistiendo a la escuela de manera constante.

Quizás los rituales casi han desaparecido.

Esto no es suerte.

Este es el resultado de una crianza enfocada y segura.

Rompiste el ciclo de habilitación.

Te has ganado este alivio.

Ahora nos enfrentamos a la fase crítica.

Libertad a largo plazo.

La recuperación rara vez es una línea recta hacia arriba.

Se parece a una espiral desordenada y ascendente.

Habrá días que se sientan como un gran paso atrás.

Los llamamos retrocesos 'picos'.

El Hack 10 es tu estrategia para predecir y aplastar estos picos.

Es el Escudo de Resiliencia de 14 Días.

Este escudo convierte una posible recaída en una fortaleza reforzada.

¿Qué es un pico?

Un pico es un aumento temporal en patrones anteriores de ansiedad.

El monstruo de la ansiedad no se rinde fácilmente.

Se retira a la esquina.

Se recarga.

Luego pone a prueba la cerca que construiste.

Lanza una línea de pesca de preocupación.

Si muerdes el anzuelo, el monstruo vuelve rugiendo.

Si ignoras el anzuelo, el monstruo se da cuenta de que se ha acabado su tiempo.

Los picos generalmente están ligados a estrés externo.

Son cortos.

Son enfocados.

Generalmente son más leves que la crisis original.

¿Qué es una recaída?

Una recaída ocurre cuando el padre deja de usar los hacks.

Una recaída ocurre cuando el padre entra en pánico durante un bache.

Una recaída ocurre cuando las acomodaciones lentamente regresan a la rutina familiar.

La principal diferencia es la reacción del padre.

El bache es el malestar temporal del niño.

La recaída es el regreso de la familia a la disfunción.

Estamos enfocados en prevenir la recaída.

Hacemos eso aplastando cada bache con rapidez y confianza.

El Mapa Predictivo de 14 Días.

El primer paso del Escudo de Resiliencia es mirar hacia adelante.

La ansiedad ama las sorpresas.

Debemos eliminar la incertidumbre donde podamos.

Necesitas convertirte en un detective del trauma para el calendario de tu familia.

Mira 14 días en el futuro ahora mismo.

¿Qué eventos importantes se avecinan?

¿Hay un gran examen en la escuela?

¿Hay una cita médica programada?

¿Vamos a hacer un viaje familiar?

¿Está visitando un pariente?

¿Tu hijo está recibiendo un nuevo maestro?

Estas transiciones e incertidumbres son señales de alerta.

Indican una debilidad potencial en el escudo.

Anticipamos estos puntos de estrés.

Aumentamos nuestra preparación mental antes de que el estrés golpee.

También buscamos puntos de estrés internos.

Estos son menos obvios.

Requieren una observación detallada.

¿Tu hijo está enfermo o luchando contra un resfriado?

El cansancio es combustible para la ansiedad.

Un niño que ha perdido dos noches de sueño es un niño vulnerable.

¿Tu hijo está pasando por un aumento de crecimiento?

¿Están navegando nuevas dinámicas sociales con amigos?

Un cuerpo cansado y una mente estresada son blancos fáciles para el acosador de la ansiedad.

No esperamos a que el bache aparezca.

Desplegamos el escudo de manera preventiva.

Esto significa que reforzamos los hacks fundamentales a partir de hoy.

Estrategia de Despliegue Preventivo.

Cuando ves que se aproxima un factor estresante, refuerzas dos cosas.

Uno. Hack 3. El Ancla Imperturbable.

Dos. Hack 6. Bloqueo Ritual.

Si sabes que tu hijo tiene una gran presentación de proyecto para el viernes, la ansiedad estará alta a partir del martes.

Tu voz necesita bajar un registro.

Tu ritmo necesita desacelerarse.

Necesitas ser la encarnación física de la calma y la confianza a partir del martes.

Esto modela seguridad para su sistema nervioso.

Estás estableciendo el tono antes de que el miedo aumente.

Estás mostrando a la ansiedad que el liderazgo sigue siendo seguro.

Estás bloqueando el camino del monstruo.

Luego, observas los rituales de prueba.

La ansiedad a menudo regresa a través de solicitudes de reafirmación de bajo nivel.

¿Hice correctamente esta tarea?

¿Esta calificación va a arruinarlo todo?

¿El coche estará seguro en la carretera mañana?

Estas son pequeñas líneas de prueba.

Si las respondes por completo, alimentas el bache.

Si las desvias usando las respuestas programadas del Hack 7, aplastas el bache instantáneamente.

Sé que estás preocupado por el proyecto.

Tengo total confianza en que sabes cómo manejar la presentación.

Ya hablamos de esto.

Esa es la palanca de confianza.

La desviación es firme.

La desviación es predecible.

El Escudo de Datos Diarios.

Debemos mantenernos objetivos durante esta fase a largo plazo.

La ansiedad es desordenada y emocional.

Usamos datos para mantener nuestros sentimientos fuera de la ecuación.

Durante semanas de alto estrés, implementa un sistema de seguimiento simple.

Registra tres marcadores objetivos cada noche.

Uno. Número de solicitudes de reafirmación contestadas o desviadas.

Dos. Número de minutos pasados en las exposiciones de la Escalera del Miedo.

Tres. Número de acomodaciones familiares realizadas.

Si el número de reafirmaciones salta de cero a diez en un día, eso es una alerta de bache.

No es un desastre.

Son datos.

Te dice exactamente dónde desplegar la fuerza la próxima mañana.

Detiene la sensación de estar abrumado.

Estás gestionando métricas, no emociones.

El Protocolo de Respuesta Rápida.

Cuando ocurre el bache, la velocidad de tu reacción lo es todo.

No pienses, 'Oh no, ¿estamos de vuelta en el punto de partida?'

Piense, 'El monstruo de la ansiedad nos está poniendo a prueba, mostrémonos la puerta.'

Necesitas responder en segundos después de que el bache salga a la luz.

Si tu hijo comienza un ritual de verificación, no esperes cinco minutos con la esperanza de que se detenga.

Interviene inmediatamente con los guiones.

Veo que el troll de la ansiedad te está pidiendo que verifiques la cerradura nuevamente.

Establecimos que no estamos escuchando a ese troll más.

La cerradura está bien.

Vamos a leer ese libro ahora.

Esta respuesta inmediata es clave.

Previene que el circuito de la ansiedad se active por completo.

Fuerza al circuito a autodestruirse antes de que establezca un punto de apoyo.

El niño recibe retroalimentación inmediata y consistente.

El miedo no equivale a evitar.

Usando los Baches como Práctica de Exposición.

Cada bache es un regalo.

Es una exposición lista para usar.

Si el bache se centra en regresar al miedo de separación, utiliza ese momento.

La ansiedad ya está lista.

El miedo ya está presente.

No retrocedas.

No mimar la ansiedad.

En su lugar, utiliza el Truco 4.

Mueve inmediatamente a un paso más alto y enfocado en la escalera del miedo relacionado con ese miedo.

Si están ansiosos por salir de casa solos durante diez minutos, diles: 'El monstruo de la ansiedad quiere que te quedes adentro. Vamos a derrotar ese plan. Ve a intentarlo durante quince minutos en su lugar.'

Les estás enseñando que los reveses son simplemente invitaciones para una valentía mayor.

Estás reformulando el momento.

Estás utilizando la energía de la ansiedad en su contra.

Este es el poder de la resiliencia.

Enseñando al Niño el Lenguaje de la Resiliencia.

Tu hijo necesita entender lo que está sucediendo internamente.

Necesitan el lenguaje para articular su lucha sin exigir reassurance.

Cuando expresan decepción por sentirse asustados de nuevo, afirma el proceso, no el resultado.

Está bien sentirse inestable.

Inestable significa que estás luchando.

Es totalmente normal sentir miedo cuando hay estrés en la escuela.

Nuestra tarea no es eliminar el miedo.

Nuestra tarea es elegir la valentía sobre la evitación.

Hoy elegiste la valentía cuando entraste a clase.

Esa es la única métrica que importa.

Esto cambia el objetivo.

El objetivo no es sentirse tranquilo.

El objetivo es actuar a pesar de la falta de calma.

Esta es la definición de verdadera fortaleza.

Manteniendo la Cerca de los Límites.

El Escudo de Resiliencia se basa en límites consistentes.

No dejes que viejas concesiones se cuelen de nuevo porque la vida se puso ocupada.

Tal vez solías revisar su tarea cada noche.

Detuviste esa concesión.

Ahora tienen un proyecto enorme.

Podrías sentirte tentado a volver a ayudar 'solo esta vez'.

No lo hagas.

Ese 'solo esta vez' es cómo el monstruo de la ansiedad reclama territorio.

Mantén el límite.

Recuerda que mantener la línea es lo más amoroso que puedes hacer.

Tu confianza es lo único que sostiene el logro.

Tu consistencia es su mayor tratamiento.

El Cambio de Mentalidad a Largo Plazo.

Tu objetivo no es un niño que nunca se preocupa.

Ese niño no existe.

Tu objetivo es un niño que se preocupa, reconoce el sentimiento, despliega sus herramientas de autogestión y sigue adelante de todos modos.

Les estás enseñando autoeficiencia.

Les estás enseñando agencia.

Les estás entregando las llaves de su propia libertad.

Instalaste los trucos.

Modelaste la calma.

Enforzaste los límites.

Ahora debes confiar en el proceso.

Los altibajos se volverán más pequeños.

Ocurrirán con menos frecuencia.

Eventualmente, tu hijo identificará el altibajo por sí mismo.

Mamá, creo que el matón está tratando de hacerme preocupar de nuevo por la cita del dentista.

Eso es la victoria definitiva.

Esa es la prueba de que el escudo está completamente internalizado.

Les empoderaste para reconocer al enemigo y desplegar su propia defensa.

Ahora eres su entrenadora segura.

Sigue mirando 14 días adelante.

Sigue desplegando los trucos rápida y firmemente.

Mantén los datos.

Tienes el poder de proteger esta libertad a largo plazo.

Este es tu truco final.

Esta es tu confianza inquebrantable en acción.

Sigue guiándolos hacia la libertad.

CHAPTER NINE

LAS TRAMPAS QUE PERMITEN: LAS 5 ACCIONES 'AMOROSAS' QUE SECRETAMENTE ALIMENTAN EL MONSTRUO DE MIEDO DE TU HIJO CADA DÍA

Amas a tu hijo ferozmente.

Esto no está en debate.

Tus acciones provienen de un lugar de amor profundo y protector.

Literalmente te pondrías frente a un autobús por ellos.

Has pasado horas infinitas buscando respuestas.

Has gastado dinero en terapeutas y programas.

Has hecho todo lo que se te puede ocurrir para aliviar su dolor.

Pero a veces las cosas que hacemos por amor se convierten en las herramientas del monstruo de la ansiedad.

Se convierten en el combustible que mantiene el fuego del miedo ardiendo.

Las llamamos trampas que permiten.

Son sutiles.

Se sienten suaves y necesarias en el momento.

Lucen como crianza y se sienten como compasión.

Pero funcionalmente, son una prueba para el cerebro del niño de que el mundo es, de hecho, peligroso.

Si el mundo fuera seguro, no tendrías que cambiar las reglas para ellos, ¿verdad?

El objetivo de este capítulo no es hacerte sentir culpable.

Es darte claridad.

Es iluminar las sombras donde la ansiedad oculta sus armas más poderosas.

Vamos a identificar las cinco trampas más comunes.

Luego vamos a aprender cómo retirarnos de ellas con gracia, confianza y amor.

Trampa 1: El Escudo de Evitación.

Esta es la trampa más peligrosa de todas.

El Monstruo de la Ansiedad prospera en la evitación.

Si tu hijo evita algo aterrador, el monstruo gana.

Se fortalece.

La evitación es el alivio temporal que garantiza malestar a largo plazo.

Los padres a menudo se convierten en el Oficial Principal de Evitación.

Constantemente estás haciendo pequeños ajustes para proteger a tu hijo del malestar.

Tal vez se niegan a asistir a citas de juego.

Así que dejas de programarlas.

Tal vez odian viajar en autobús porque se preocupan por los gérmenes.

Así que los llevas a la escuela todos los días.

Tal vez están aterrorizados de dormir solos.

Así que has estado durmiendo en el suelo de su habitación durante tres años.

Todas estas acciones son profundamente amorosas.

Resuelven el problema inmediato.

Pero gritan un mensaje al cerebro de tu hijo.

La amenaza es real.

Yo, el padre, confirmo que la amenaza es real porque te estoy ayudando a escapar de ella.

Para retirarte del Escudo de Evitación, debes invertir las acomodaciones lentamente.

Este es el momento en que la Escalera del Miedo (Hack 4) es crítica.

No puedes pasar de dormir en el suelo a exigir que duerman solos esta noche.

Eso es demasiado agresivo.

Prepara a todos para el fracaso.

En su lugar, define la acomodación.

Define el objetivo de exposición.

Comienza pequeño.

Si estás durmiendo en el suelo, el primer paso es mover tu saco de dormir hacia la puerta.

La semana siguiente, se mueve al pasillo.

Validas su miedo.

Dices: "Veo que el monstruo quiere que me quede aquí, pero solo estamos mostrando al monstruo que somos los líderes."

Te mantienes calmado.

No retrocedes.

Rompes el Escudo de Evitación en piezas pequeñas y manejables.

Trampa 2: El Solucionador de Problemas Instantáneo.

Un niño ansioso, especialmente uno con TOC, puede quedar atrapado en un ciclo.

Se preocupan por el más mínimo error.

Exigen perfección.

Olvidan una tarea.

Olvidan su chaqueta.

Luchan con un rompecabezas simple.

Tu instinto es entrar y arreglarlo de inmediato.

Aceleras el artículo olvidado a la escuela.

Completa la construcción compleja de Lego por ellos.

Llamas al maestro y negocias una extensión de plazo porque tuvieron un colapso la noche anterior.

Cuando entras apresuradamente, robas dos herramientas vitales de tu niño.

Robas su capacidad para tolerar la angustia.

Robas su capacidad para resolver problemas.

Aprenden que si se preocupan lo suficientemente alto, un rescatador aparecerá.

Esto enseña desesperanza.

Les dice que son demasiado frágiles para manejar la decepción normal o errores menores.

Para salir de la trampa del Solucionador de Problemas Instantáneo, debes introducir la táctica de retraso.

Si te llaman en el trabajo pidiendo algo, responde con un límite.

Dices: "Eso suena frustrante."

Utiliza el Espejo Mágico (Hack 1).

"Veo que el monstruo te está diciendo que olvidarte del almuerzo es una catástrofe."

Luego, ofreces una consecuencia o solución basada en la realidad que deben llevar a cabo.

"Es mediodía ahora. No puedo conducir hasta la escuela."

"Tienes dos opciones."

"Puedes comer el almuerzo de la escuela."

"O puedes llamar a papá para ver si puede dejar algo después de su reunión."

El punto es que ahora deben gestionar las consecuencias del error inducido por la ansiedad.

Aprenden que pueden sobrevivir al malestar.

Aprenden que son solucionadores de problemas competentes.

Trampa 3: Negociando con el Terrorista.

La ansiedad es un terrorista que exige rescate.

Dice: "Si quieres sentirte seguro, debes lavarte las manos diez veces."

O, "Si quieres ir al parque, debes prometer quedarte a dos pies de mí."

Cuando un padre negocia, le da al monstruo poder.

Negociar suena así.

"Está bien, solo tienes que lavarte las manos ocho veces, ¿qué tal eso?"

"Podemos ir al parque, pero intentemos quedarnos a cinco pies en lugar de dos, ¿es un trato?"

El padre está tratando de llegar a un acuerdo con el monstruo.

Creen que el compromiso facilitará la transición.

Pero no puedes comprometerte con el miedo ilógico.

No puedes razonar con el monstruo.

Cuando negocias, estás aceptando implícitamente que la demanda de la ansiedad tiene valor.

El niño aprende que las reglas son flexibles.

Aprenden que si discuten y entran en pánico el tiempo suficiente, el requisito disminuirá.

Para salir de la Trampa de Negociación, usa el Ancla Imperturbable (Hack 3).

Tu voz debe ser calmada.

Tu expectativa debe ser inquebrantable.

Eres el líder de la familia.

Estableces las reglas.

Las reglas se basan en la seguridad y la lógica, no en el capricho del monstruo.

Si la expectativa es lavarse las manos una vez, es lavarse las manos una vez.

Validas su sentimiento.

"El monstruo parece realmente molesto por esto."

Luego, declaras la expectativa.

"Nos lavamos las manos una vez en esta casa."

"No negociamos con el miedo."

Te niegas a involucrarte en el contenido específico de la ansiedad.

No hables de los gérmenes.

Habla sobre el límite.

Esto demuestra confianza.

Esto demuestra liderazgo.

Trampa 4: Reaseguramiento Repetitivo y Comprobaciones de Seguridad.

Lo cubrimos extensamente en Hack 7.

Pero merece inclusión aquí porque es una trampa habilitadora muy potente.

El reaseguramiento es una compulsión para el padre.

Alivia tu estrés en el momento.

Es como verter agua sobre una hoguera de preocupación.

El agua se convierte en vapor, haciendo un espectáculo dramático, pero el fuego sigue ardiendo por debajo.

Tu hijo pregunta: "¿Estamos seguros de que el detector de humo funciona?"

Respondes: "Sí, cariño, lo revisé ayer y tenemos una batería de respaldo."

Alivio temporal.

Diez minutos después, preguntan nuevamente.

Respondes: "Te prometo que estamos bien, ve a dormir."

Acabas de alimentar el miedo.

Cada vez que das una respuesta directa y factual a una pregunta impulsada por la ansiedad, refuerzas la necesidad de comprobar.

Estás enseñando a tu hijo a externalizar su sistema interno de monitoreo de seguridad a ti.

El cerebro ansioso dice: "Mi radar interno está roto, debo depender del validador externo, que es mamá o papá."

La única forma de arreglar el radar es negarse a comprobarlo por ellos.

Para salir, debes utilizar las respuestas guionadas de Hack 7.

Cuando preguntan: "¿Estamos a salvo?"

Respondes con una pregunta.

"¿Qué quiere que hagas el monstruo?"

"¿Qué sabemos sobre cómo funciona la ansiedad?"

O usas el guion confiado.

"Ya hablamos de eso."

"No voy a responder a esa pregunta, y eso es un alto absoluto."

Se siente frío al principio.

No está frío.

Es rehabilitación.

Es sanar el cerebro del niño negando el comportamiento de verificación compulsiva.

Trampa 5: El Sacrificio Silencioso de la Familia.

Esta trampa ocurre lentamente durante meses o años.

La ansiedad comienza pequeña.

Un miedo a los perros.

Luego, para mantener la paz, la familia simplemente deja de ir al parque de perros.

Luego, los amigos que tienen perros ya no son invitados a su casa.

Luego, la familia comienza a conducir una milla extra por el vecindario solo para evitar ver a un paseador de perros.

La ansiedad ha colonizado toda la unidad familiar.

La familia sacrifica la alegría, la conveniencia y las actividades normales para acomodar al monstruo.

Quizás tu hijo tiene un miedo severo a vomitar (emetofobia).

La familia entera deja de comer en restaurantes.

Solo comen alimentos insípidos y seguros en casa.

Quizás tu hijo tiene ansiedad por separación por la noche.

Así que el co-padre es obligado a salir de la cama conyugal para dormir en otro lugar.

Esta es una trampa masiva de habilitación porque le confirma al niño que su miedo es lo suficientemente poderoso como para dictar las vidas de todos a su alrededor.

Los convierte en el centro emocional del sistema familiar.

Este poder refuerza el ciclo de ansiedad.

Para retirarte del Sacrificio Silencioso de la Familia, debes instaurar el Establecimiento de Límites Confiados (Hack 8).

Necesitas identificar cada forma en que el horario familiar, los planes de viaje o las horas de comida han cambiado debido a la ansiedad.

Haz una lista de los acomodamientos.

Vas a revertirlos sistemáticamente.

Esto requiere una reunión familiar.

Explicas calmadamente que el hogar está bajo nueva administración.

El monstruo de la ansiedad está perdiendo sus derechos de voto.

Comienza con la reversión más fácil.

Si dejaste de comer ciertos alimentos saludables debido a un miedo, vuelve a poner ese alimento en el menú esta noche.

Si dejaste de escuchar un cierto tipo de música en el auto, vuelve a ponerla.

Si estás evitando una tienda de comestibles específica porque desencadena una preocupación, ve allí mañana.

Tu confianza dicta el resultado aquí.

No pides el permiso del niño.

Anuncias el cambio con una autoridad firme y amorosa.

"Vamos a volver a la normalidad previa a la ansiedad."

Esto le enseña al niño que puede sentirse ansioso y aún así avanzar.

Esto les enseña que su miedo no es el director ejecutivo de la familia.

Tu misión ahora es convertirte en el Director de Retiro Principal.

Cada vez que sientas la necesidad de rescatar, acomodar o tranquilizar, para.

Hazte una pregunta.

¿Estoy ayudando a mi hijo a sentirse mejor en este momento, o estoy ayudando a mi hijo a mejorar a largo plazo?

La diferencia entre esos dos resultados es la diferencia entre habilitar y empoderar.

Elige empoderar.

Elige la libertad a largo plazo.

Elige ser el entrenador.

Retírate con gracia pero con determinación de estas trampas.

Tu hijo necesita que dejes de caminar sobre cáscaras de huevo.

Necesitan que mantengas la línea.

Necesitan que les muestres que el mundo vale la pena explorar, con miedo y todo.

Comienza hoy.

Elige una trampa en la que estés atrapado actualmente.

Revierte un pequeño acomodamiento esta noche.

Así es como comienza la recuperación de la sala de estar.

CHAPTER TEN

SOLUCIÓN DE PROBLEMAS: EL KIT DE HERRAMIENTAS DE EMERGENCIA PARA MOMENTOS DE CRISIS - INSTRUCCIONES PASO A PASO PARA APLASTAR EL RECHAZO ESCOLAR Y LA SEVERE ANSIEDAD POR SEPARACIÓN SIN GRITAR

Este capítulo es tu botón de pánico.

Es el kit de herramientas de emergencia.

Has aprendido los trucos.

Ahora necesitas saber exactamente cómo aplicarlos cuando el suelo se derrumba bajo tus pies.

Estos momentos son intensos.

Están diseñados para hacerte sentir impotente.

Están diseñados para hacerte gritar o ceder.

No haremos ninguna de esas cosas.

Mantenemos un control firme, amoroso y absoluto.

Recuerda la estrategia del Ancla Inquebrantable.

Eres la roca en la tormenta.

Tu hijo necesita verte manejar la crisis sin disolverte en pánico tú mismo.

Este es el momento en que tu confianza importa más.

MOMENTO DE CRISIS 1: EL ATAQUE DE PÁNICO TOTAL

Un ataque de pánico es un evento físico.

No es un defecto de carácter.

Es una ola masiva de adrenalina y química del miedo.

El cerebro está convencido de que hay una amenaza inmediata.

Tu objetivo no es hablarles para que salgan de eso.

Tu objetivo es surcar la ola con ellos de manera segura.

Debes aplicar el Hack 3: El Ancla Inquebrantable.

Paso 1: Detener la Negociación.

En el momento en que comienza el pánico, detienes todas las otras actividades.

No intentas negociar.

No intentas hacer preguntas sobre el desencadenante.

El cerebro está desconectado para procesar lógicamente.

Todo diálogo se detiene.

Paso 2: Ordenar Presencia Calmante.

Debes bajar tu voz.

Reduce tus movimientos drásticamente.

No te preocupes por ellos.

No corras a buscar un vaso de agua o una bolsa de papel.

Esto envía el mensaje de que el pánico es una emergencia grave que requiere acción urgente.

En su lugar, siéntate junto a ellos.

Asegúrate de estar ligeramente elevado o al mismo nivel.

Pon tus pies firmemente en el suelo.

Modela una inmovilidad física.

Paso 3: Validación Radical Sin Tranquilización (Hack 1).

Usa un lenguaje que reconozca el horror físico que están experimentando.

Di: Tu corazón está acelerado en este momento.

Di: Veo que tu estómago está revuelto.

Di: Esto se siente terrible y aterrador.

No digas: Estás bien.

No digas: No está pasando nada malo.

Estás validando el sentimiento, no el contenido del miedo.

Paso 4: Requiere quietud y tiempo.

El pánico quiere que corran, griten o se escondan.

Debes contrarrestar este impulso.

Si están seguros de hacerlo, pídeles que se sienten o se acuesten junto a ti.

Usa una orden firme y tranquila.

Di: Necesitas quedarte quieto aquí conmigo hasta que la adrenalina disminuya.

Si intentan huir, bloquea suavemente el camino de salida.

Estás creando físicamente el campo de contención.

Deben aguantar la ola.

Deben habituarse a la sensación física de miedo (Hack 5).

El ataque de pánico dura de 7 a 10 minutos, desde el pico hasta la resolución.

Simplemente estás esperando que pase el tiempo, proporcionando compañía firme y silenciosa.

Paso 5: La transición post-pánico.

Cuando el pánico disminuye, estarán exhaustos.

El monstruo de la ansiedad buscará inmediatamente una acomodación (Hack 9).

Dirá: No puedo ir a la escuela ahora.

Dirá: Necesito quedarme en casa.

Debes desplegar inmediatamente el Límite Confiado (Hack 8).

El evento ha terminado.

El plan está de nuevo en marcha.

Di: Eso fue horrible, pero lo manejaste.

Di: Ahora pasamos a lo siguiente.

Si el pánico ocurrió mientras conducías a la biblioteca, continúas hacia la biblioteca.

No dejes que el ataque de pánico se convierta en un trofeo de evitación.

MOMENTO DE CRISIS 2: RECHAZO ESCOLAR EXTREMO

El rechazo escolar es un ritual de evitación severo.

A menudo se presenta con síntomas físicos como náuseas o dolor de estómago.

El niño no está intentando ser manipulador.

Está respondiendo a un terror fisiológico abrumador.

Sin embargo, no puedes tratar el síntoma.

Debes tratar la evitación.

La escuela es innegociable (Hack 8).

El objetivo es un movimiento rápido y sin emociones hacia la puerta.

Paso 1: Bloqueo preventivo de rituales (Hack 6).

La batalla comienza la noche anterior.

Rechaza todas las preguntas de excesiva reassurance sobre el día siguiente.

Si empiezan a preguntar sobre el autobús o el profesor, usa un guion de bloqueo ritual.

Di: Eso es suficiente charla sobre la escuela por esta noche.

Di: Eso es lo que el matón de la preocupación quiere que pienses.

Mueve la conversación a un tema neutral de inmediato.

Paso 2: El guion y ritmo de la mañana.

La mañana debe ser rápida, predecible y despojada de conversación emocional.

Eres un capitán seguro guiando un barco a través de mares agitados.

Usa Hack 2: El reinicio del lenguaje.

Si dicen: Me duele el estómago demasiado para comer.

Di: Sé que el monstruo de la ansiedad hace que tu pancita duela cuando está preocupado por la escuela.

Di: Pero sabemos que ir a la escuela es cómo le mostramos al monstruo quién manda.

Luego, vuelve a centrar la atención en la tarea.

Di: Ponte los zapatos ahora.

Paso 3: Rechazo de acomodaciones (Hack 9).

No permitas comportamientos de demora.

No les permitas negociar cinco minutos más.

No les permitas llamar a la enfermera de la escuela para preguntar sobre las actividades del día.

Estas son todas acomodaciones que alimentan el miedo.

Si vomitan, límpialo rápidamente y con calma.

El plan sigue siendo el mismo.

Di: Entiendo que tu cuerpo reaccionó al miedo.

Di: Ahora vamos a ponerte el abrigo.

Paso 4: La transición forzada (ancla imperturbable).

Si el niño se niega físicamente a moverse, aferrándose a ti o al mobiliario, debes usar tu autoridad parental y tu tamaño.

Esto debe hacerse con calma y firmeza, sin ira ni voces elevadas.

Simplemente estás realizando una maniobra física necesaria.

Di: Es hora de ir.

Toma suavemente y con firmeza su mano o levántalo.

Caminas con ellos hacia el auto o la puerta.

Si se agitan o gritan, mantén una expresión neutral.

Estás modelando que sus emociones poderosas no controlan tus acciones.

La respuesta de lucha solo funciona si te unes a ella.

Te niegas a unirte a la lucha.

Paso 5: El protocolo de dejar en la escuela (Hack 10).

En el momento en que llegas a la escuela, la despedida debe ser rápida.

No te quedes.

Quedarte solo refuerza la idea de que algo peligroso podría suceder después de que te vayas.

Usa el guion acordado de antemano.

Di: Te quiero.

Di: Sé que puedes manejar esta cosa difícil.

Di: Te veré a las 3 PM.

Luego, vete.

No mires hacia atrás.

No escuches la súplica final por reassurance.

Esto requiere una valentía increíble de tu parte.

Es el momento de exposición más poderoso para tu hijo.

Estás enseñando a su cerebro que sobreviven al miedo de la separación.

MOMENTO DE CRISIS 3: ANSIEDAD SEPARATIVA SEVERA

La ansiedad por separación en casa a menudo aparece por la noche.

Se trata de control y certeza.

El troll de la ansiedad exige que el padre esté siempre visible o disponible.

Aquí es donde el bloqueo ritual y el establecimiento de límites se fusionan en una prueba intensa.

Paso 1: Desviar a los buscadores de reassurance (Hack 7).

La hora de dormir es a menudo cuando el niño intenta obtener reassurance interminable.

Preguntan si vas a revisarlos.

Preguntan si la puerta está cerrada con llave.

Preguntan si prometes no salir de la casa.

Debes bloquear estas preguntas al instante.

Usa un guion de desviación.

Di: Eso suena como una pregunta para el monstruo de la preocupación.

Di: Hemos terminado de hablar sobre ese tipo de preocupaciones hasta la mañana.

Di: Ya conoces la respuesta a esa pregunta.

No des la respuesta específica y reconfortante que están buscando.

La reafirmación es veneno.

Paso 2: Hacer cumplir el límite del sueño (Hack 8).

El límite es: Duermes en tu cama.

Cuando el niño inevitablemente aparezca en tu puerta, a menudo minutos después de que lo acuestes, debes ser una presencia silenciosa y poderosa.

No te engages en conversación.

No permitas la negociación.

No es momento de abrazos amorosos.

Este es un momento de aplicación de límites.

Paso 3: El Regreso Silencioso (El Ejercicio de Habituación).

Si entran en tu habitación, levántate de inmediato.

Toma su mano, o coloca una mano en su espalda.

Llévalos de vuelta a su habitación.

No digas absolutamente nada.

Usa cero contacto visual si es posible.

Esta falta de recompensa (conversación, atención, consuelo) hace que el comportamiento sea ineficaz para la ansiedad.

Eres un robot ejecutando un programa.

No estás enojado.

No eres hostil.

Simplemente eres firme.

Si se resisten, mantén la puerta abierta y espera a que entren.

Paso 4: El Ejercicio Repetido.

Pueden regresar diez veces.

Pueden regresar veinte veces.

La consistencia de tu regreso silencioso es el tratamiento.

Cada vez que los lleves de vuelta sin hablar, estás realizando una exposición.

Estás forzándolos a habituarse a la incomodidad de estar solos (Hack 5).

Los niveles de ansiedad aumentan, pero cuando el padre se mantiene como un ancla inquebrantable, el aumento eventualmente cae más rápido y se mantiene más bajo.

El ritual de buscar consuelo falla.

Paso 5: Manejo del Aferramiento Físico.

A veces el niño evitará físicamente que salgas de su habitación o se negará a soltarte la pierna.

Debes usar una presión suave pero firme para retirarte.

Si es necesario, espera tres minutos hasta que la intensidad física disminuya ligeramente.

Entonces, despegarlos suavemente.

Di: Me voy ahora.

Di: Estás seguro aquí.

Luego sal rápidamente.

No dejes que el aferramiento físico anule el límite.

La ansiedad solo gana si te quedas en la habitación o permites que ellos se queden en la tuya.

MAESTRÍA DEL MOMENTO DE CRISIS

El denominador común en las tres crisis es la confianza.

Debes proyectar absoluta certeza en el plan.

La ansiedad es ruidosa.

Tu certeza debe ser más fuerte.

Recuerda que cada vez que implementas un hack durante una crisis, estás reorganizando su cerebro en tiempo real.

Estás enseñando a su sistema nervioso una nueva verdad.

La verdad es: El miedo ocurre.

La verdad es: Mamá/Papá se mantiene firme.

La verdad es: Sobrevivo al miedo sin escapar o recibir reafirmación.

No tengas miedo de sus lágrimas o su ira.

La ira a menudo es un desvío de un miedo intenso.

Tu trabajo no es eliminar su angustia instantáneamente.

Tu trabajo es contener su angustia y hacer cumplir el plan.

Eres la caja de herramientas de emergencia.

Ya tienes las piezas.

Úsalas ahora.

Sé el ancla.

No te hundas con el barco.

CHAPTER ELEVEN

EL PLAN DE BATALLA DE 7 DÍAS: EXACTAMENTE QUÉ 3 HACKS DESPLEGAR A PARTIR DEL LUNES POR LA MAÑANA (Y CÓMO MEDIR $1,000 EN PROGRESO PARA EL VIERNES)

Has llegado al punto de activación.

El tiempo de leer teoría ha terminado.

El tiempo de hablar en general sobre la ansiedad ha concluido.

Ahora nos dirigimos a la ejecución.

Este capítulo es la síntesis definitiva de todo lo que has aprendido.

No vamos a intentar hervir el océano.

Vamos a enfocarnos como un rayo láser.

A partir del lunes por la mañana, tienes una misión específica y medible.

Solo desplegarás tres de los diez poderosos hacks que ahora posees.

Estos tres hacks son elegidos porque están 100 por ciento bajo tu control.

No necesitas la cooperación de tu hijo para el éxito en la Semana Uno.

Solo necesitas tu propio compromiso.

Este plan cambiará drásticamente el paisaje de tu sala de estar.

Vas a medir el progreso no en cómo se siente tu hijo, sino en cuán poderosamente respondes.

Esta es la semana de transformación para los padres.

Los Tres Hacks Básicos para la Semana 1.

Estamos estableciendo la nueva base.

Necesitamos un nuevo lenguaje.

Necesitamos una compostura a prueba de balas.

Necesitamos detener el comportamiento habilitador primario de inmediato.

Tus Tres Hacks Básicos son el Hack 1, el Hack 3 y el Hack 7.

Estos son los no negociables.

El Hack 1 es La Técnica de Validación del Espejo Mágico.

Aprendiste a decir, Veo que estás asustado.

Aprendiste a dejar de proporcionar certeza falsa o real.

Esta semana, implementamos completamente el Protocolo de Reinicio del Lenguaje.

Cada vez que tu hijo exprese preocupación, respondes con validación del sentimiento, pero sin ninguna reafirmación del resultado.

El niño podría decir, ¿Qué pasa si me enfermo en la escuela?.

Tu respuesta antigua fue: Estarás bien, te empaqué medicina, estás a salvo.

Tu nueva respuesta del Hack 1 es: Veo que el monstruo de la preocupación está tratando de hacerte sentir miedo sobre estar enfermo.

Esa es una broma cruel que hace.

Pero no dejamos que el monstruo decida.

Iremos a la escuela de todos modos.

El Hack 1 establece que estás consciente de la lucha.

Enseña a tu hijo que eres un compañero contra la ansiedad, no un enemigo que desestima sus sentimientos.

También ahoga la necesidad de certeza.

El Hack 3 es La Estrategia del Ancla Inquebrantable.

Esto tiene que ver con tu comportamiento físico y emocional.

Cuando ocurre un colapso emocional, tu hijo busca un líder.

Buscan una roca.
Si te unes a su pánico, la ansiedad gana al instante.
El Hack 3 exige que modelos una calma inquebrantable.
Tu ritmo cardíaco debe mantenerse estable.
Tu voz debe permanecer baja y uniforme.
No debes negociar, gritar ni suplicar.
Te conviertes en el Ancla.
Esta semana, practicarás la postura física del liderazgo tranquilo.
Hombros hacia atrás.
Respiración lenta.
Ojos firmes.
Eres el adulto.
Eres el entrenador seguro de sí mismo.
Estás practicando este comportamiento ya sea que tengas miedo o no.
Los sentimientos siguen a las acciones.
Actúa como el Ancla, y pronto te sentirás como el Ancla.
El Hack 7 es la TRAMPA de la Reaseguración.
Este es el mayor drenaje de energía en un hogar ansioso.
El niño pregunta: ¿Revisaste la estufa?
El niño pregunta: ¿Estás seguro de que la puerta está cerrada?
El niño pregunta: ¿Mi amigo todavía me querrá mañana?
El niño pregunta: ¿La comida está envenenada?
Cada respuesta que des es una píldora venenosa.
Proporciona un alivio inmediato y temporal.
Garantiza que la pregunta se repita, más fuerte, en cinco minutos.
El Hack 7 es la cesación inmediata y completa de toda reaseguración.
Esto significa que debes tener tus guiones listos.
Cuando pidan reaseguración, debes desviar la atención.
Debes usar un redireccionamiento seguro.

Puedes decir: Eso suena como un trabajo para tu fuerte cerebro, no para el mío.

Puedes decir: Ya hablamos de eso, pero el monstruo de la preocupación no le gusta la respuesta.

Puedes decir: Confío en ti para manejar la incertidumbre.

No importa qué, no te involucres con el contenido del miedo.

El Hack 7 es el paso crucial para dejar de alimentar todo el sistema.

La Línea de Tiempo de Despliegue de 7 Días.

Empezamos pequeños y construimos impulso rápidamente.

Comprométete ahora mismo con el despliegue de lunes a viernes.

No importa lo que pase, mantén el plan.

El lunes es el Día del Lenguaje.

Tu único enfoque es el Hack 1.

Capturarás cada momento de conversación preocupante.

Sustituirás tus antiguas respuestas de reaseguración por los guiones de validación del Espejo Mágico.

Te estás enfocando en separar al niño del monstruo.

Escribe cinco guiones en una tarjeta y mantenla en tu bolsillo.

No se trata de la perfección.

Se trata de alta repetición.

Tu objetivo es 15 despliegues exitosos del Hack 1 hoy.

El martes es el Día de Bloqueo.

Estás desplegando el Hack 7.

Las solicitudes de reaseguración aumentarán cuando inicies el Hack 1.

El matón de la ansiedad está probando tus nuevos límites.

Siente debilidad.

Debes estar preparado para esta prueba.

Cada solicitud de certeza se encuentra con un guion de desviación firme, amoroso y practicado.

No discutas.

No expliques la lógica.

No te disculpes.

Utiliza una voz tranquila y aburrida para el guion de desviación.

Tu objetivo es desviar el 100 por ciento de todas las solicitudes de reaseguración hoy.

Se sentirá difícil.

Creará fricción.

Esa fricción es el sistema de ansiedad luchando por su vida.

Eso significa que estás ganando.

El miércoles es el Día de Integración.

Estás usando el Hack 1 y el Hack 7 juntos a la perfección.

El niño está preocupado por un examen.

Dices: Veo al monstruo asustándote por el examen, Hack 1.

El niño pregunta: ¿Pasaré si estudio una hora más?

Dices: Sabes exactamente lo que necesitas hacer, Hack 7.

Eres una máquina confiada y coordinada hoy.

También te estás enfocando en cero acomodaciones.

Si la ansiedad exige que tomes una ruta específica, tomas una ruta diferente.

Si la ansiedad exige que repitas el ritual de dormir, te detienes a la mitad.

Hoy es el día en que visiblemente recuperas el control.

Cada vez que dices que no al monstruo, es una victoria masiva.

El jueves es el Día del Ancla.

Estás desplegando el Hack 3.

Has establecido una línea base de conflicto con el matón de la ansiedad.

El matón puede escalar.

Esto es una buena señal.

Anticipa el momento cuando es probable que ocurra un colapso o pánico.

Si es tiempo de dejarlo, prepara tu postura de Ancla.

Si es hora de hacer la tarea, prepara tu postura de Ancla.

Enfócate 100 por ciento en tu lenguaje corporal.

Tu objetivo es permanecer perfectamente calmado durante toda la duración del evento de pánico.

No te involucres con el contenido del miedo durante el pánico.

Si están gritando, simplemente quédate cerca y di en voz baja: Estoy aquí.

Yo soy el ancla.

Estamos a salvo.

Repite esa simple mantra internamente y externamente.

Tu rendimiento como el Ancla es la única métrica que importa hoy.

El viernes es el Día de Medición del Progreso.

Esta es la síntesis de los tres hacks.

Hoy operas a todo motor.

Utiliza el lenguaje del Hack 1 constantemente.

Bloquea las solicitudes de reaseguración del Hack 7 instantáneamente.

Despliega el Hack 3 siempre que el sistema intente sobreponerse a ti.

Ahora estamos calculando los $1,000 de progreso que has logrado.

Cómo medir $1,000 de progreso.

No estamos midiendo si la ansiedad se ha ido.

Eso es un objetivo a largo plazo.

Estamos midiendo el retorno de tu inversión emocional.

Estamos midiendo lo que has recuperado.

Asignamos un valor monetario a cada acción parental exitosa.

Esto hace que el progreso sea visible y tangible.

Valor de un despliegue exitoso de Hack 1: $20.

Detuviste una espiral de preocupación antes de que comenzara.

Reformulaste la narrativa.

Si hiciste esto 50 veces esta semana, ahí tienes $1,000.

Valor de un bloque de reasiguración exitoso de Hack 7: $50.

Rompiste el ciclo de la dependencia.

Ahorraste 20 minutos de preguntas repetitivas y creciente preocupación.

Si bloqueaste 20 solicitudes esta semana, eso son otros $1,000.

Valor de un rendimiento exitoso de Hack 3 Anchor durante una crisis: $250.

Previne una hora de tiempo de recuperación emocional.

Le diste a tu hijo un camino neurológico hacia la calma.

Mostraste un liderazgo indiscutible.

Si hiciste esto cuatro veces esta semana, ya estás en $1,000.

El objetivo de esta métrica financiera es cambiar tu enfoque de la lucha de tu hijo a tu propia ejecución.

Te estás enfocando en tu comportamiento.

Eres la variable que puedes controlar.

Escribe tus victorias.

Suma tu puntaje.

Si implementaste exitosamente los tres hacks y alcanzaste $1,000 en acciones medidas, ganaste la Semana Uno.

Tu sala de estar está comenzando a sentirse diferente.

Estás empezando a respirar de manera diferente.

Tu hijo está comenzando a poner a prueba los nuevos límites, que es exactamente lo que debería suceder.

La fricción significa movimiento.

El conflicto significa cambio.

El camino hacia adelante.

Tienes la base ahora.

Esta semana enfocada estableció tu liderazgo.

Demostró al acosador de la ansiedad que un nuevo alguacil está en la ciudad.

Te demostró a ti mismo que eres capaz de establecer límites duros, firmes y compasivos.

Lo más importante que has aprendido esta semana es simple.

Eres la solución.

No tienes que esperar la cita con el terapeuta.

No tienes que esperar la medicación.

No tienes que esperar a que tu hijo se sienta listo.

Estás listo.

El plan es claro.

Los hacks están implementados.

Ve y sé el líder que tu familia necesita y merece.

Tienes todo lo necesario para garantizar el éxito ahora.

Comienza el lunes.

Creo en tu fortaleza.

Creo en tu compromiso.

Ve y recupera tu sala de estar.

EPÍLOGO

LA ÚLTIMA PALABRA: EL ÚNICO INTERRUPTOR DE CONFIANZA QUE DEBES ACTIVAR HOY PARA GARANTIZAR EL ÉXITO

Lo lograste.

Terminaste el libro.

Asimilaste el conocimiento.

Ahora llega la parte crítica.

Ahora debes actuar.

Recuerda cómo te sentiste en la página uno.

Ese pesado lastre de agotamiento.

Esa persistente sensación de fallarle a tu hijo.

Ese sentimiento ya no es tu verdad.

Ese sentimiento se ha ido.

Estamos activando un interruptor en este momento.

Sustituye ese viejo agotamiento por un propósito enfocado y agudo.

Estás equipado.

Tienes 10 herramientas poderosas en tu arsenal.

Estas no son estrategias vagas.

Estos son protocolos respaldados por la ciencia para desmantelar la ansiedad.

Ahora conoces el mecanismo del miedo.

Entiendes los pasos exactos para interrumpir el ciclo.

Pero hay un interruptor que rige el éxito de los otros diez.

Es el único interruptor de confianza que garantiza un resultado positivo.

Tu confianza es.

Tu hijo está buscando constantemente tus datos.

Cuando tienen miedo, miran tu rostro.

Cuando sienten que la ansiedad aprieta su agarre, evalúan tu reacción.

Si ven pánico o acomodación en tus ojos, interiorizan ese miedo como legítimo y abrumador.

Aprenden que el mundo es realmente peligroso.

El único interruptor que debes activar hoy es la realización de que tú eres el Ancla.

Eres la fuerza constante.

Tu creencia interna en el plan debe ser inquebrantable.

Debes proyectar una absoluta y calmada certeza de que el monstruo de la ansiedad es una molestia, no una amenaza.

Tu hijo está buscando a su líder.

Muestrales que el líder está calmado.

Muestrales que el líder está en control.

Ya no estás reaccionando a los síntomas.

Ahora estás implementando tratamiento de manera estratégica.

Esa es la diferencia entre la impotencia y el poder.

Has ganado esta competencia.

Regresa a tu sala de estar.

Deja de caminar sobre esas cáscaras de huevo.

Deja de satisfacer las demandas del monstruo del miedo.

Tienes el poder de desmantelar este ciclo, comenzando hoy.

Conoces los guiones.

Conoces los límites.

Sabes cómo validar el sentimiento sin alimentar el miedo.

Ve y sé el coach firme que tu hijo necesita desesperadamente.

Ve y sé el padre amoroso que mantiene la línea.

Ve y sé la fuerza poderosa que trae libertad duradera.

Creo en ti.